Impressum
Verlag: BABADADA GmbH, Nedderfeld 112 , 22529 Hamburg
Geschäftsführer / Verlagsleitung: Harald Hof
Druck: Books on Demand GmbH, In de Tarpen 42, 22848 Norderstedt

Imprint
Publisher: BABADADA GmbH, Nedderfeld 112 , 22529 Hamburg, Germany
Managing Director / Publishing direction: Harald Hof
Print: Books on Demand GmbH, In de Tarpen 42, 22848 Norderstedt, Germany

skóli

школа

kennslustofa
классная комната

deila
делить

186/2

tafla
доска

kennari
учитель

skólalóð
школьный двор

pappír
бумага

skrifa
писать

penni
ручка

skrifborð
письменный стол

reglustika
линейка

bók
книга

nemandi
ученик

skólataska

ранец

pennaveski

пенал

blýantur

карандаш

yddari

точилка

strokleður

ластик

teikniblað

альбом для рисования

teikning

рисунок

pensill

кисточка

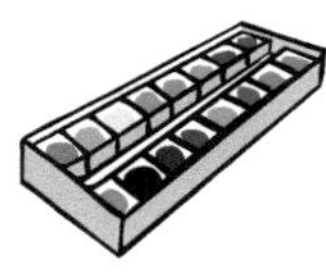

litakassi

коробка красок

skæri

ножницы

lím

клей

æfingabók

тетрадь

heimavinna

домашняя работа

númer

цифра

2+2

leggja saman

прибавлять

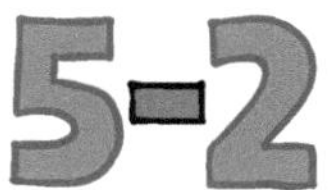

draga frá

вычитать

margfalda

умножать

reikna

считать

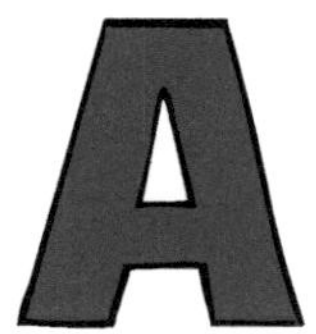

bréf

буква

stafróf

алфавит

orð

слово

texti

текст

lesa

читать

krít

мел

kennslustund

урок

kladdi

классный журнал

próf

экзамен

vottorð

диплом

skólabúningur

школьная форма

menntun

образование

alfræðirit

энциклопедия

háskóli

университет

smásjá

микроскоп

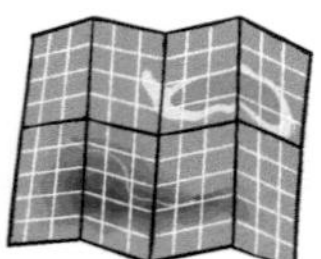

kort

карта

ruslakarfa

корзина для бумаг

ferðalög
путешествие

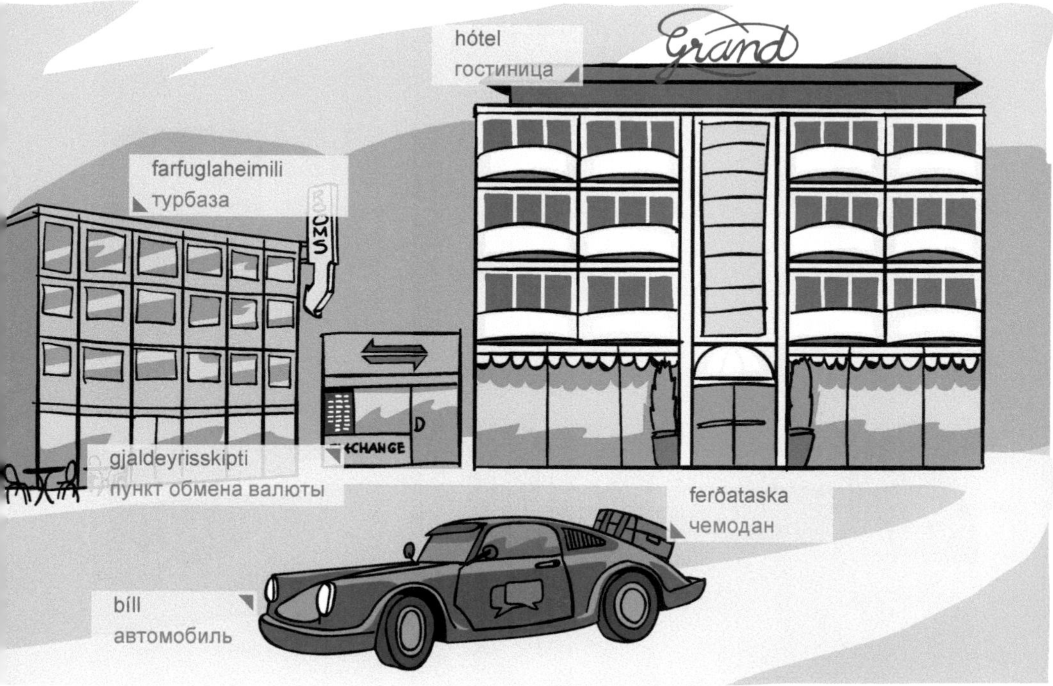

hótel
гостиница

farfuglaheimili
турбаза

gjaldeyrisskipti
пункт обмена валюты

ferðataska
чемодан

bíll
автомобиль

tungumál
язык

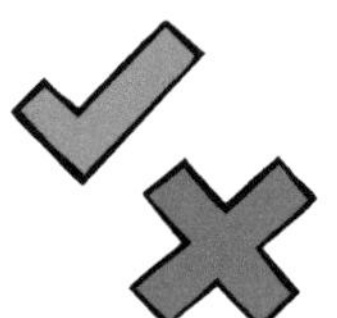

já / nei
да / нет

allt í lagi
хорошо

halló
Привет

þýðandi
переводчик

takk fyrir
Спасибо

hvað kostar…?

Сколько стоит…?

Ég skil ekki

Я не понимаю

vandamál

проблема

Gott kvöld!

Добрый вечер!

Góðan dag!

Доброе утро!

Góða nótt!

Доброй ночи!

bless bless

До свидания

átt

направление

farangur

багаж

taska

сумка

bakpoki

рюкзак

gestur

гость

herbergi

комната

svefnpoki

спальный мешок

tjald

палатка

upplýsingamiðstöð

туристическая информация

strönd

пляж

kreditkort

кредитная карточка

morgunverður

завтрак

hádegisverður

обед

kvöldmatur

ужин

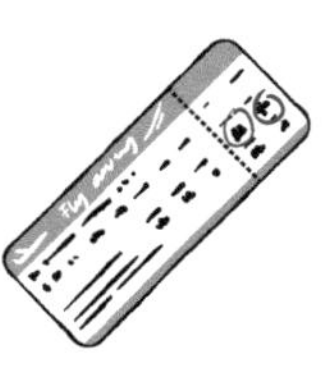

farmiði

билет

lyfta

лифт

frímerki

почтовая марка

landamæri

граница

tollur

таможня

sendiráð

посольство

vegabréfsáritun

виза

vegabréf

паспорт

samgöngur

транспорт

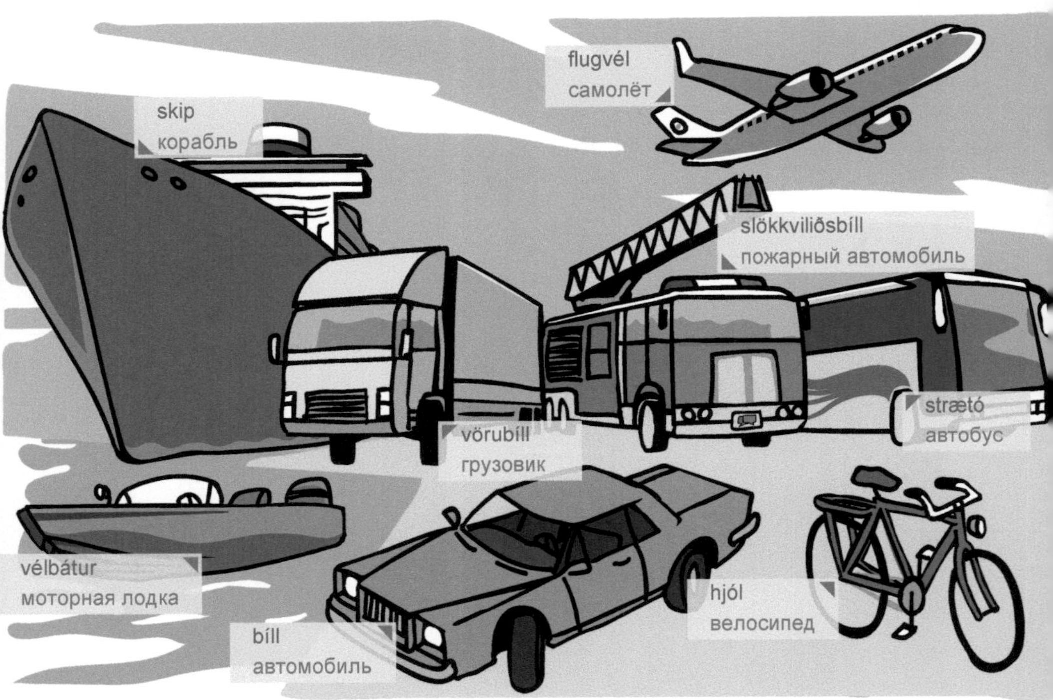

flugvél
самолёт

skip
корабль

slökkviliðsbíll
пожарный автомобиль

strætó
автобус

vörubíll
грузовик

vélbátur
моторная лодка

hjól
велосипед

bíll
автомобиль

ferja

паром

bátur

лодка

mótorhjól

мотоцикл

lögreglubíll

полицейский автомобиль

kappakstursbíll

гоночный автомобиль

bílaleigubíll

арендованный автомобиль

bílasamneyti

совместное пользование автомобилями

dráttarbíll

буксировочный автомобиль

öskubíll

мусоровоз

vél

двигатель

eldsneyti

топливо

bensínstöð

заправка

umferðarskilti

дорожный знак

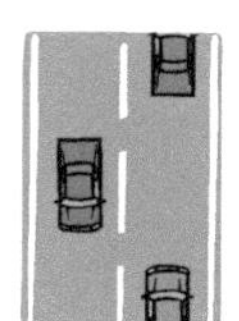

umferð

движение

umferðarteppa

пробка

bílastæði

автостоянка

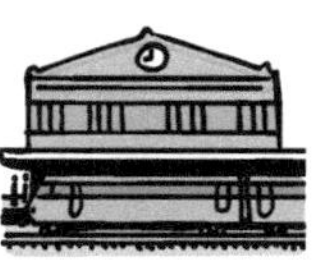

lestarstöð

вокзал

járnbrautarteinar

рельсы

lest

поезд

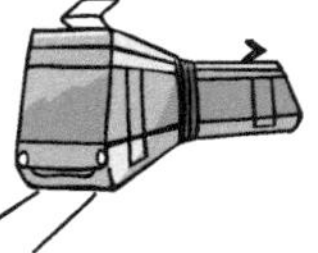

sporvagn

трамвай

vagn

вагон

þyrla

вертолёт

flugvöllur

аэропорт

turn

вышка

farþegi

пассажир

gámur

контейнер

pappakassi

коробка

kerra

тележка

karfa

корзина

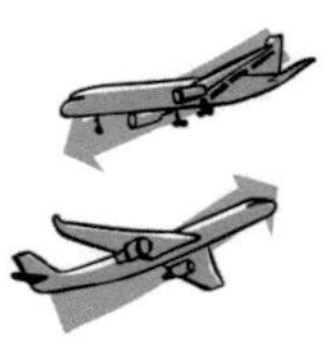

takast á loft / lenda

взлетать / приземляться

borg

город

þorp

деревня

miðbær

центр города

hús

дом

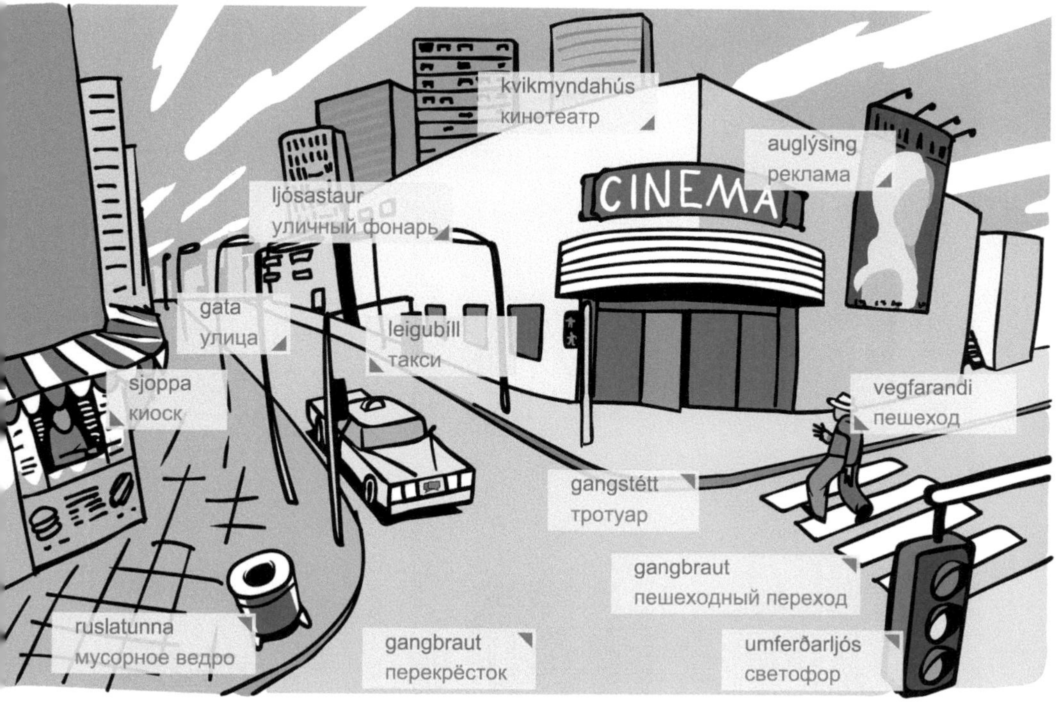

kvikmyndahús
кинотеатр

auglýsing
реклама

ljósastaur
уличный фонарь

gata
улица

leigubíll
такси

sjoppa
киоск

vegfarandi
пешеход

gangstétt
тротуар

gangbraut
пешеходный переход

ruslatunna
мусорное ведро

gangbraut
перекрёсток

umferðarljós
светофор

skáli

хижина

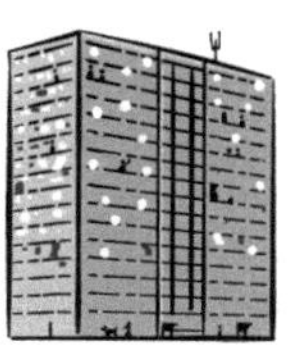

íbúð

квартира

lestarstöð

вокзал

ráðhús

ратуша

safn

музей

skóli

школа

háskóli

университет

banki

банк

sjúkrahús

больница

hótel

гостиница

apótek

аптека

skrifstofa

офис

bókabúð

книжный магазин

búð

магазин

blómabúð

цветочный магазин

kjörbúð

супермаркет

markaður

рынок

stórmarkaður

универмаг

fiskbúð

торговец рыбой

verslunarmiðstöð

торговый центр

höfn

порт

almenningsgarður

парк

bekkur

скамейка

brú

мост

stigi

лестница

neðanjarðarlest

метро

göng

тоннель

biðstöð

автобусная остановка

bar

бар

veitingastaður

ресторан

póstkassi

почтовый ящик

götuskilti

табличка с названием улицы

stöðumælir

паркометр

dýragarður

зоопарк

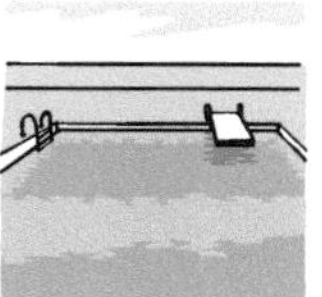

sundlaug

бассейн

moska

мечеть

bær

ферма

mengun

загрязнение окружающей среды

kirkjugarður

кладбище

kirkja

церковь

leiksvæði

детская площадка

musteri

храм

landslag

ландшафт

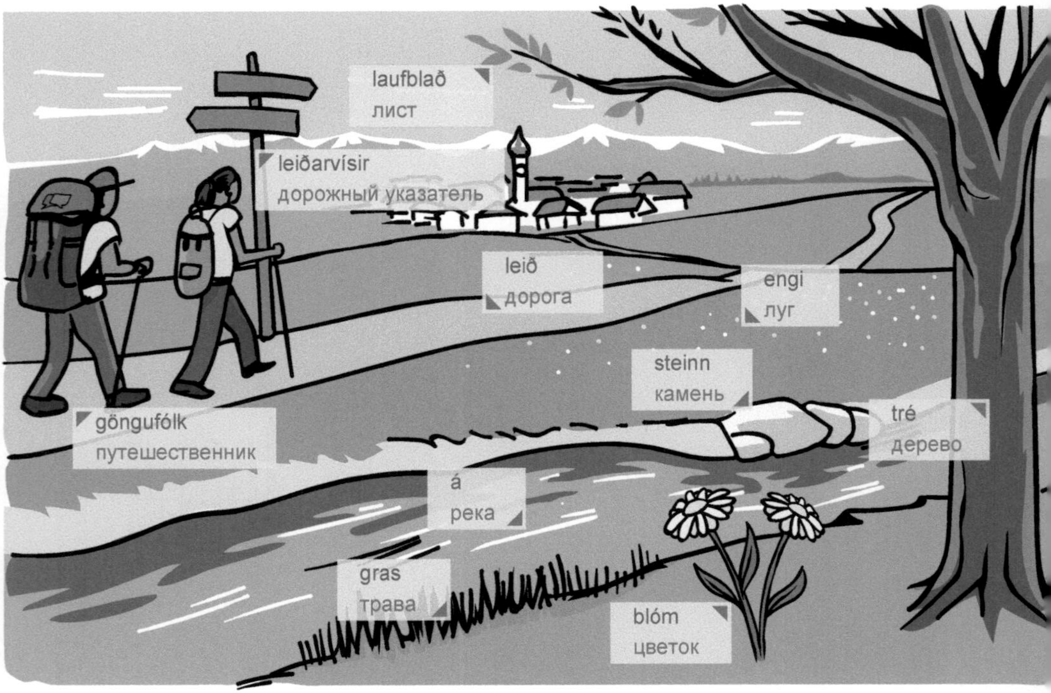

laufblað
лист

leiðarvísir
дорожный указатель

leið
дорога

engi
луг

steinn
камень

göngufólk
путешественник

tré
дерево

á
река

gras
трава

blóm
цветок

dalur

долина

hæð

гора

stöðuvatn

озеро

skógur

лес

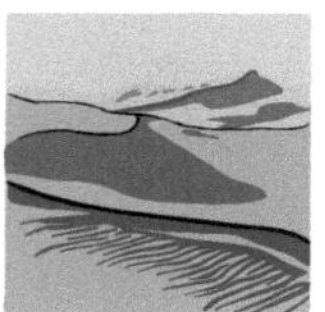

eyðimörk

пустыня

eldfjall

вулкан

kastali

замок

regnbogi

радуга

sveppur

гриб

pálmatré

пальма

moskítófluga

комар

fluga

муха

maur

муравей

býfluga

пчела

kónguló

паук

bjalla

жук

froskur

лягушка

íkorni

белка

broddgöltur

еж

héri

заяц

ugla

сова

fugl

птица

svanur

лебедь

villisvín

кабан

dádýr

олень

elgur

лось

stífla

плотина

vindmylla

ветряной генератор

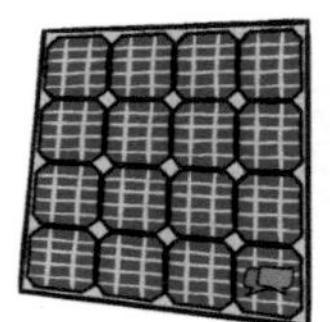

sólarrafhlaða

солнечная батарея

loftslag

климат

veitingastaður
ресторан

þjónn
официант

matseðill
меню

stóll
стул

súpa
суп

pizza
пицца

hnífapör
столовые приборы

dúkur
скатерть

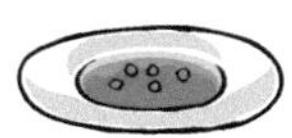

forréttur
закуска

aðalréttur
главное блюдо

eftirréttur
десерт

drykkir
напитки

matur
еда

flaska
бутылка

skyndibiti

фастфуд

götumatur

уличная еда

teketill

чайник

sykurskál

сахарница

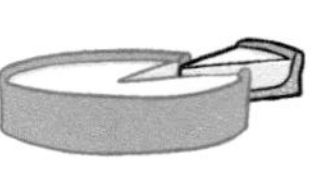

skammtur

порция

espressovél

кофеварка

barnastóll

детский стульчик

reikningur

счет

bakki

поднос

hnífur

нож

gaffall

вилка

skeið

ложка

teskeið

чайная ложка

servíetta

салфетка

glas

стакан

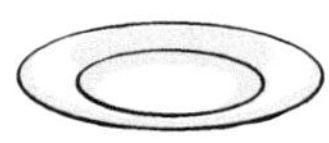

diskur

тарелка

súpudiskur

суповая тарелка

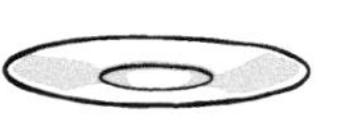

undirskál

блюдце

sósa

соус

saltstaukur

солонка

piparkvörn

мельница для перца

edik

уксус

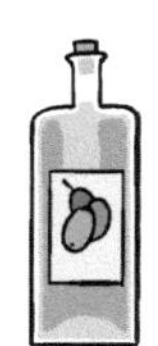

olía

масло

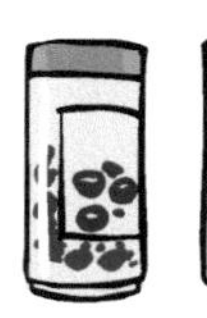

krydd

специи

tómatsósa

кетчуп

sinnep

горчица

majónes

майонез

kjörbúð

супермаркет

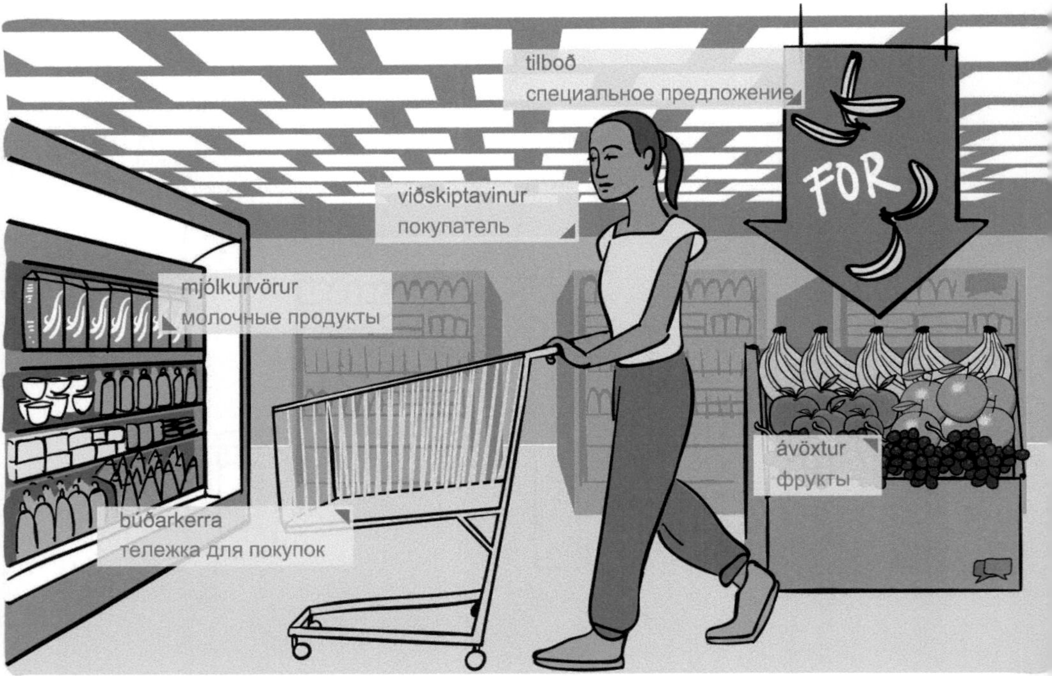

tilboð
специальное предложение

viðskiptavinur
покупатель

mjólkurvörur
молочные продукты

ávöxtur
фрукты

búðarkerra
тележка для покупок

slátrari

мясной магазин

bakarí

пекарня

vega

взвешивать

grænmeti

овощи

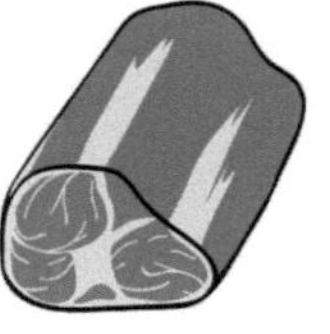

kjöt

мясо

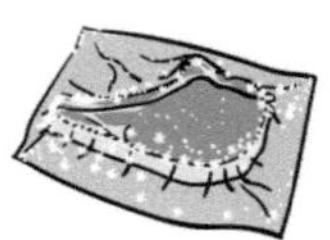

frosinn matur

быстрозамороженные продукты

kjötálegg

нарезка

niðursoðinn matur

консервы

þvottaefni

стиральный порошок

sælgæti

сладости

vörur til heimilisnota

предмет домашнего обихода

hreinsiefni

моющее средство

afgreiðslukona

продавщица

afgreiðslukassi

касса

gjaldkeri

кассир

innkaupalisti

список покупок

opnunartímar

время работы

veski

бумажник

kreditkort

кредитная карточка

poki

сумка

plastpoki

полиэтиленовый пакет

drykkir
напитки

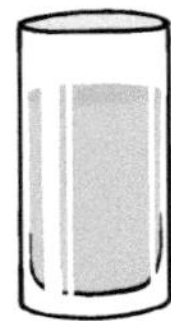

vatn

вода

safi

сок

mjólk

молоко

kók

кока-кола

vín

вино

bjór

пиво

áfengi

алкоголь

kakó

какао

te

чай

kaffi

кофе

espresso

эспрессо

kaffi

капучино

matur

еда

banani

банан

epli

яблоко

appelsínugulur

апельсин

melóna

арбуз

sítróna

лимон

gulrót

морковь

hvítlaukur

чеснок

bambus

бамбук

laukur

лук

sveppir

гриб

hnetur

орехи

núðlur

лапша

spagettí
....
спагетти

hrísgrjón
....
рис

salat
....
салат

franskar kartöflur
....
картофель фри

steiktar kartöflur
....
жареный картофель

pizza
....
пицца

hamborgari
....
гамбургер

samloka
....
сэндвич

snitsel
....
шницель

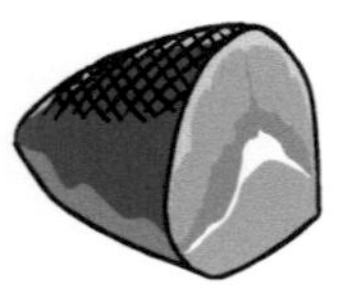

skinka
....
ветчина

salami
....
салями

pylsa
....
колбаса

kjúklingur
....
курица

steik
....
жаркое

fiskur
....
рыба

haframjöl

овсяные хлопья

músli

мюсли

kornflögur

кукурузные хлопья

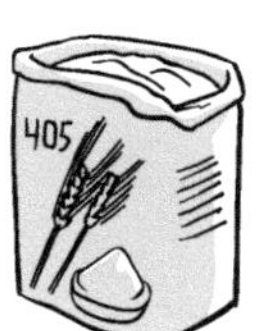

hveiti

мука

franskt horn

круассан

smábrauð

булочка

brauð

хлеб

ristað brauð

тост

kex

печенье

smjör

масло

ystingur

творог

kaka

пирог

egg

яйцо

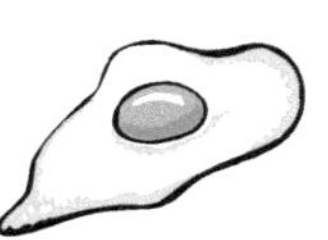

spælt egg

яичница

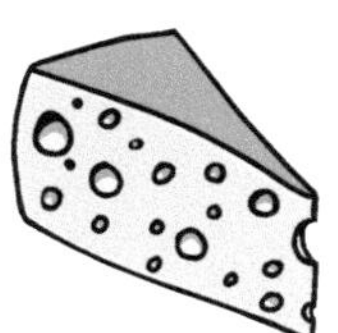

ostur

сыр

ís

мороженое

sykur

сахар

hunang

мёд

sulta

мармелад

súkkulaðiálegg

крем с нугой

karrý

карри

bær

ферма

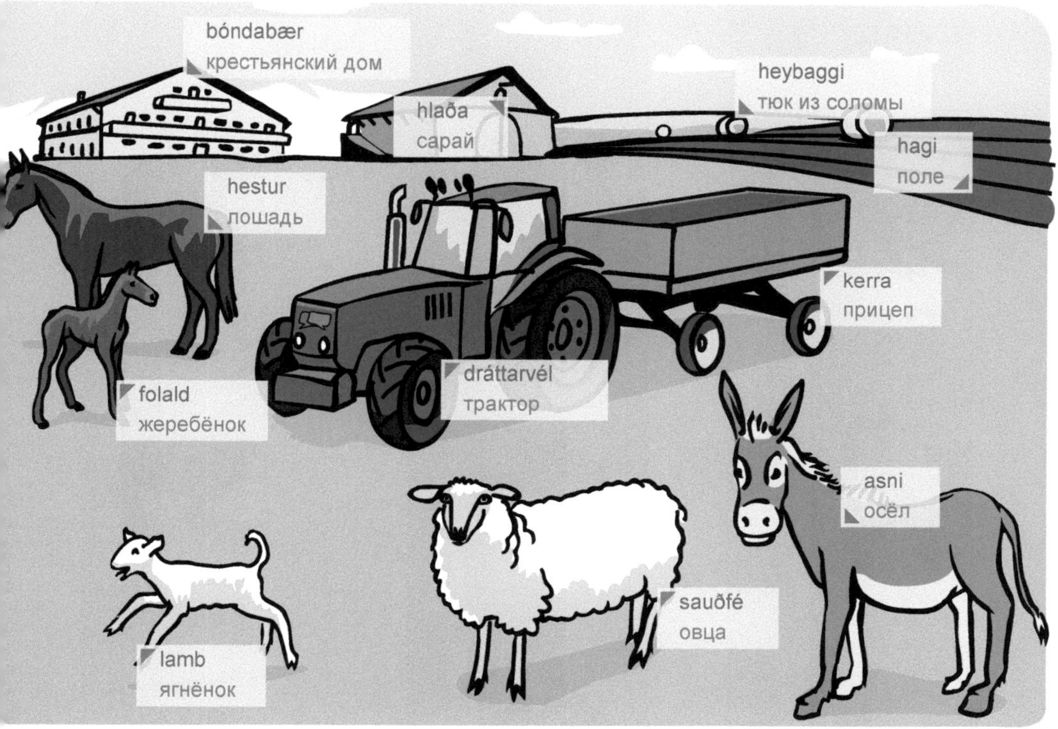

bóndabær
крестьянский дом

hlaða
сарай

heybaggi
тюк из соломы

hagi
поле

hestur
лошадь

kerra
прицеп

dráttarvél
трактор

folald
жеребёнок

asni
осёл

sauðfé
овца

lamb
ягнёнок

geit

коза

kýr

корова

kálfur

телёнок

svín

свинья

grís

поросёнок

naut

бык

gæs

гусь

önd

утка

ungi

цыплёнок

hæna

курица

hani

петух

rotta

крыса

köttur

кошка

mús

мышь

uxi

вол

hundur

собака

hundakofi

конура

garðslanga

садовый шланг

garðkanna

лейка

ljár

коса

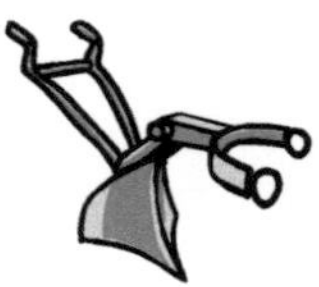

plógur

плуг

sigð

серп

hlújárn

мотыга

heygaffall

навозные вилы

öxi

топор

hjólbörur

тачка

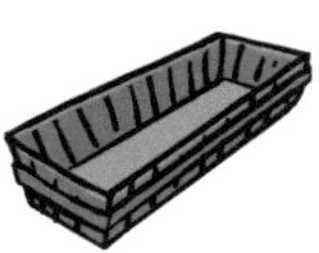

trog

корыто

mjólkurfata

бидон для молока

poki

мешок

girðing

забор

gripahús

хлев

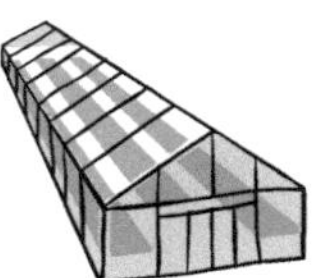

gróðurhús

теплица

jarðvegur

почва

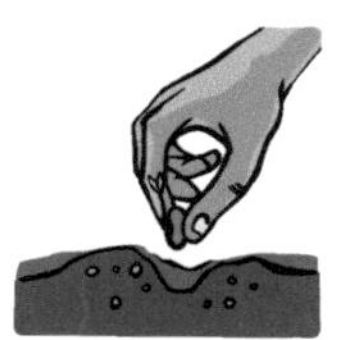

fræ

посев

áburður

удобрение

kornskurðarvél

комбайн

uppskera

собирать урожай

uppskera

урожай

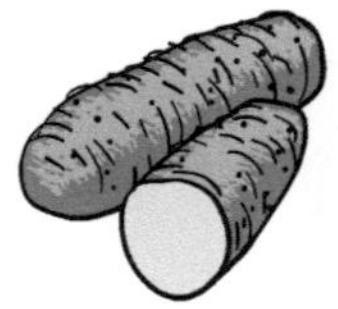

kínverskar kartöflur

ямс

hveiti

пшеница

soja

соя

kartafla

картофель

maís

кукуруза

repja

рапс

ávaxtatré

фруктовое дерево

maníókarót

маниок

korn

злаки

hús

дом

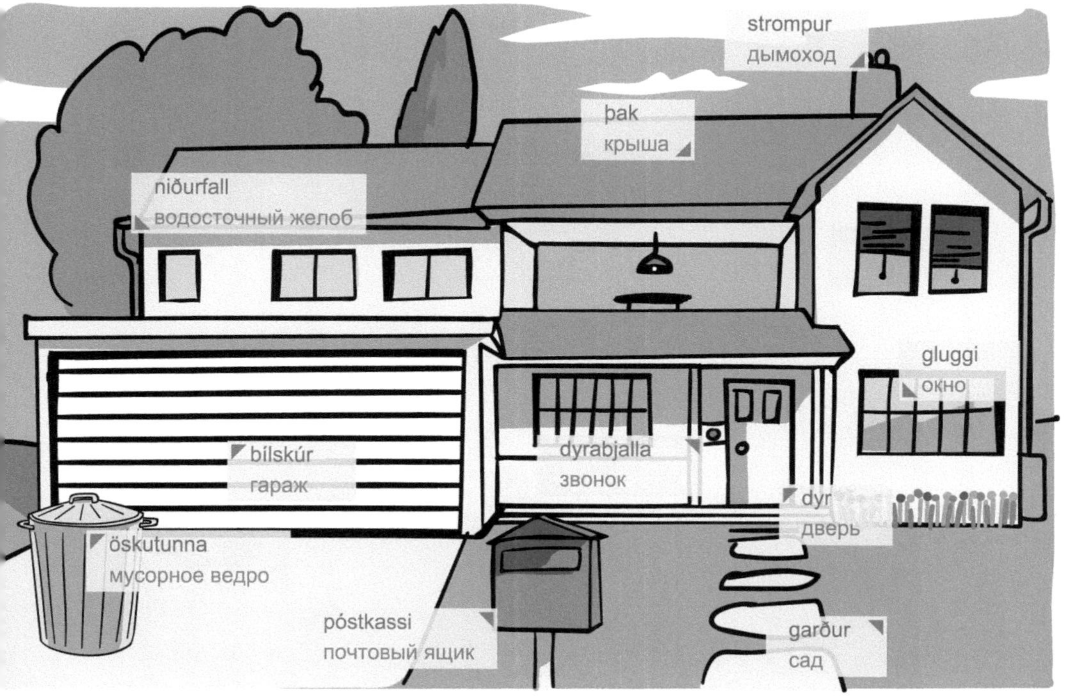

strompur
дымоход

þak
крыша

niðurfall
водосточный желоб

gluggi
окно

bílskúr
гараж

dyrabjalla
звонок

dyr
дверь

öskutunna
мусорное ведро

póstkassi
почтовый ящик

garður
сад

stofa

гостиная

baðherbergi

ванная комната

eldhús

кухня

svefnherbergi

спальня

barnaherbergi

детская комната

borðstofa

столовая

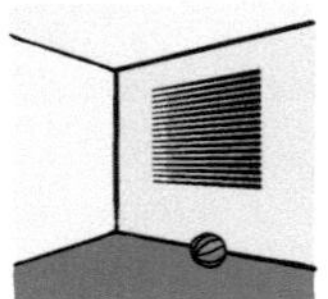

gólf

пол

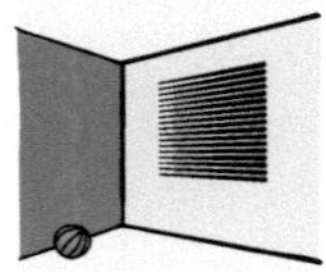

veggur

стена

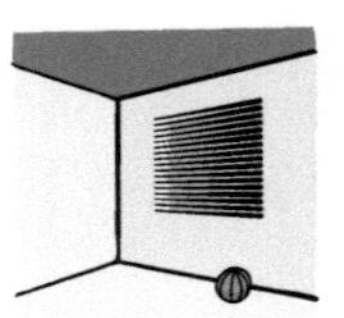

loft

потолок

kjallari

подвал

gufubað

сауна

svalir

балкон

verönd

терраса

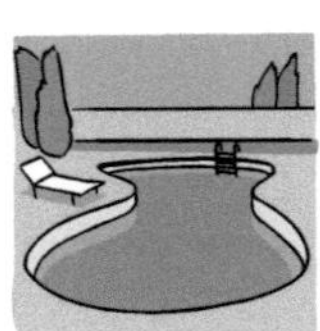

sundlaug

бассейн

sláttuvél

газонокосилка

lak

пододеяльник

rúmteppi

покрывало

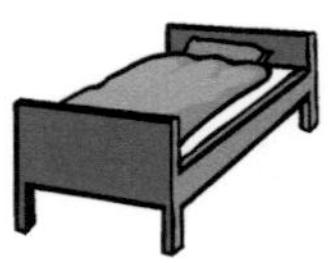

rúm

кровать

kústur

метла

fata

ведро

rofi

выключатель

stofa

гостиная

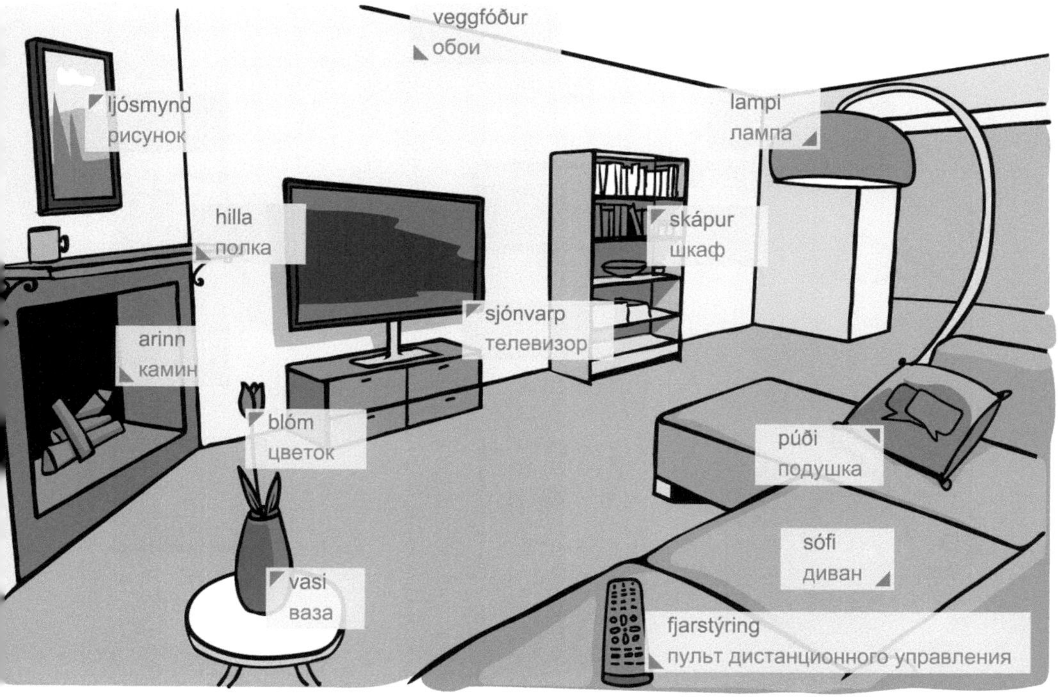

veggfóður
обои

ljósmynd
рисунок

lampi
лампа

hilla
полка

skápur
шкаф

sjónvarp
телевизор

arinn
камин

blóm
цветок

púði
подушка

sófi
диван

vasi
ваза

fjarstýring
пульт дистанционного управления

teppi

ковёр

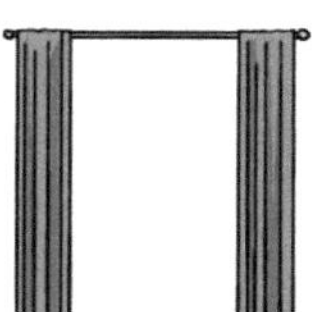

gardínur

штора

borð

стол

stóll

стул

ruggustóll

кресло-качалка

hægindastóll

кресло

bók

книга

sæng

покрывало

skraut

украшение

eldiviður

дрова

mynd

фильм

hljómflutningstæki

стереосистема

lykill

ключ

dagblað

газета

málverk

картина

veggspjald

плакат

útvarp

радио

minnisbók

блокнот

ryksuga

пылесос

kaktus

кактус

kerti

свеча

eldhús
кухня

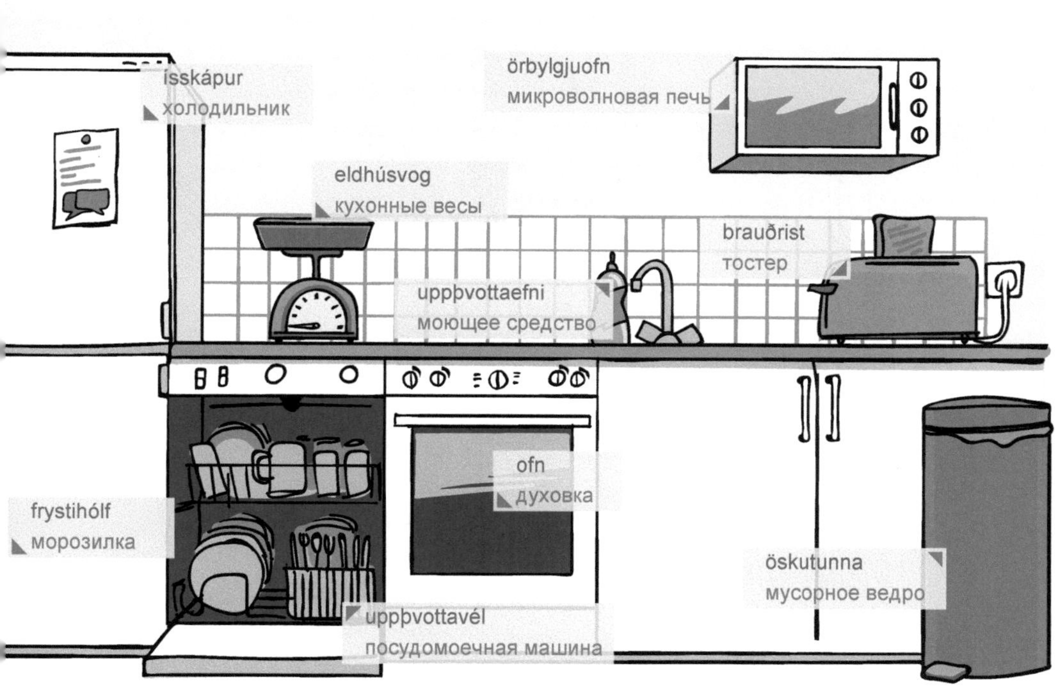

ísskápur
холодильник

örbylgjuofn
микроволновая печь

eldhúsvog
кухонные весы

brauðrist
тостер

uppþvottaefni
моющее средство

ofn
духовка

frystihólf
морозилка

öskutunna
мусорное ведро

uppþvottavél
посудомоечная машина

eldavél

плита

pottur

кастрюля

steypujárnspottur

чугунный котелок

wok/kadai

вок / кадай

panna

сковорода

ketill

чайник

gufukarfa

пароварка

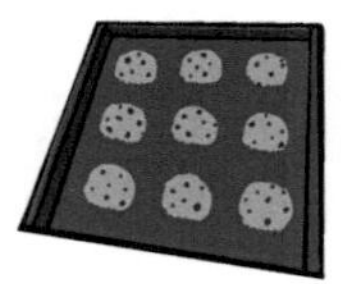

ofnform

противень

leirtau

посуда

mál

кружка

skál

миска

prjónar

палочки для еды

ausa

половник

spaði

лопатка

pískur

сбивалка

sigti

сито

málmsigti

сито

rifjárn

тёрка

mortél

ступка

grill

гриль

opinn eldur

костёр

skurðarbretti

доска

kökukefli

скалка

tappatogari

штопор

dós

жестяная банка

dósaopnari

консервный нож

pottaleppur

прихватка

vaskur

раковина

bursti

щетка

svampur

губка

blandari

миксер

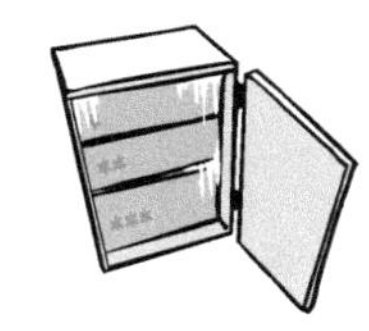

frystir

морозильная камера

peli

бутылочка для кормления

blöndunartæki

кран

baðherbergi

ванная комната

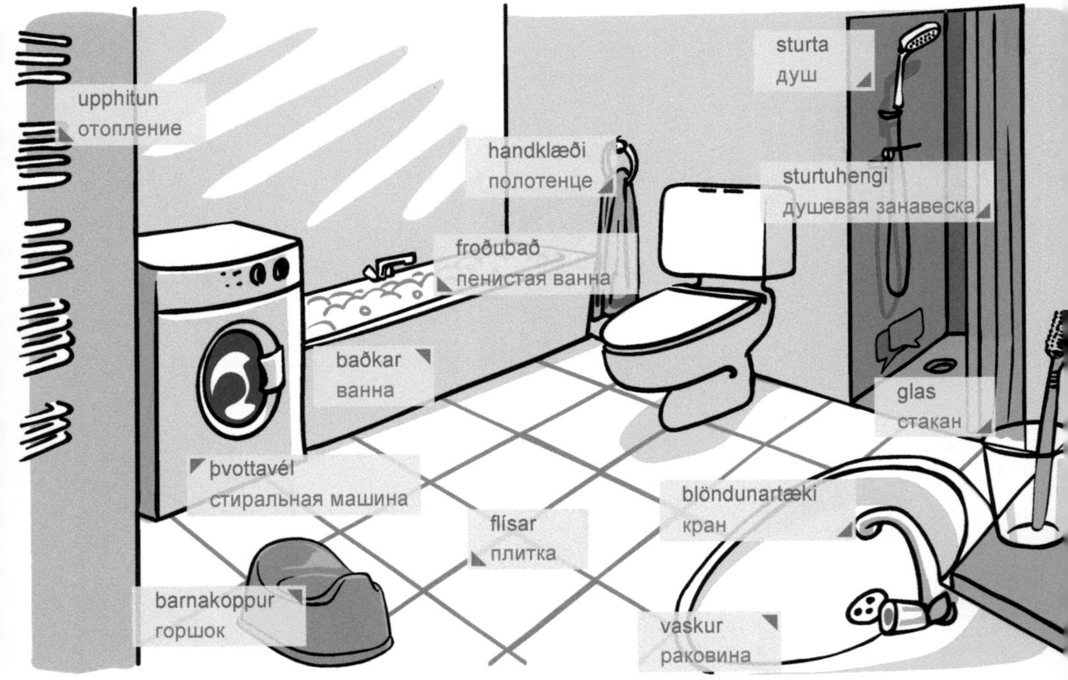

upphitun
отопление

handklæði
полотенце

sturta
душ

sturtuhengi
душевая занавеска

froðubað
пенистая ванна

baðkar
ванна

glas
стакан

þvottavél
стиральная машина

blöndunartæki
кран

flísar
плитка

barnakoppur
горшок

vaskur
раковина

salerni
туалет

salerni án setu
напольный унитаз

skolskál
биде

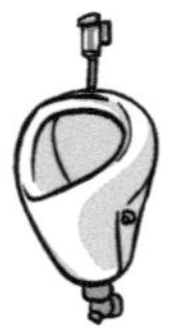

þvagskál
писсуар

salernispappír
туалетная бумага

salernisbursti
ершик

tannbursti
....
зубная щетка

tannkrem
....
зубная паста

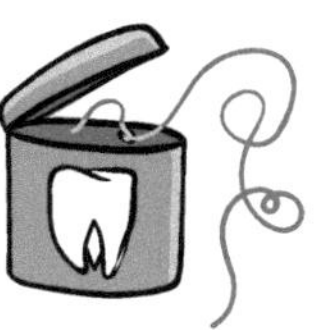

tannþráður
....
зубная нить

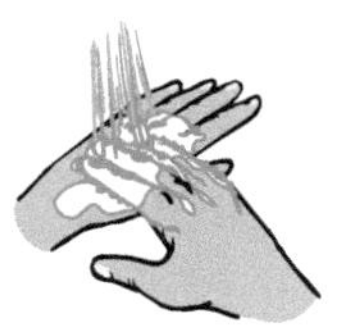

þvo
....
мыть

handsturta
....
ручной душ

salernissturta
....
интимный душ

vaskur
....
таз

bakbursti
....
щетка для спины

sápa
....
мыло

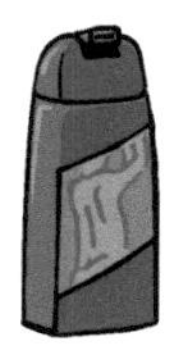

sturtugel
....
гель для душа

sjampó
....
шампунь

flannel
....
мочалка

niðurfall
....
сток

krem
....
крем

svitalyktareyðir
....
дезодорант

spegill

зеркало

handspegill

ручное зеркало

rakskafa

бритва

raksápa

пена для бритья

rakspíri

лосьон после бритья

greiða

расческа

bursti

щетка

hárþurrka

фен

hársprey

лак для волос

farði

косметика

varalitur

губная помада

naglalakk

лак для ногтей

bómull

вата

naglaklippur

маникюрные ножницы

ilmvatn

духи

þvottapoki

косметичка

kollur

табуретка

vog

весы

sloppur

халат

gúmmíhanskar

резиновые перчатки

tíðatappi

тампон

dömubindi

гигиеническая прокладка

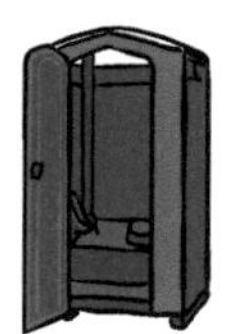

efnasalerni

биотуалет

barnaherbergi

детская комната

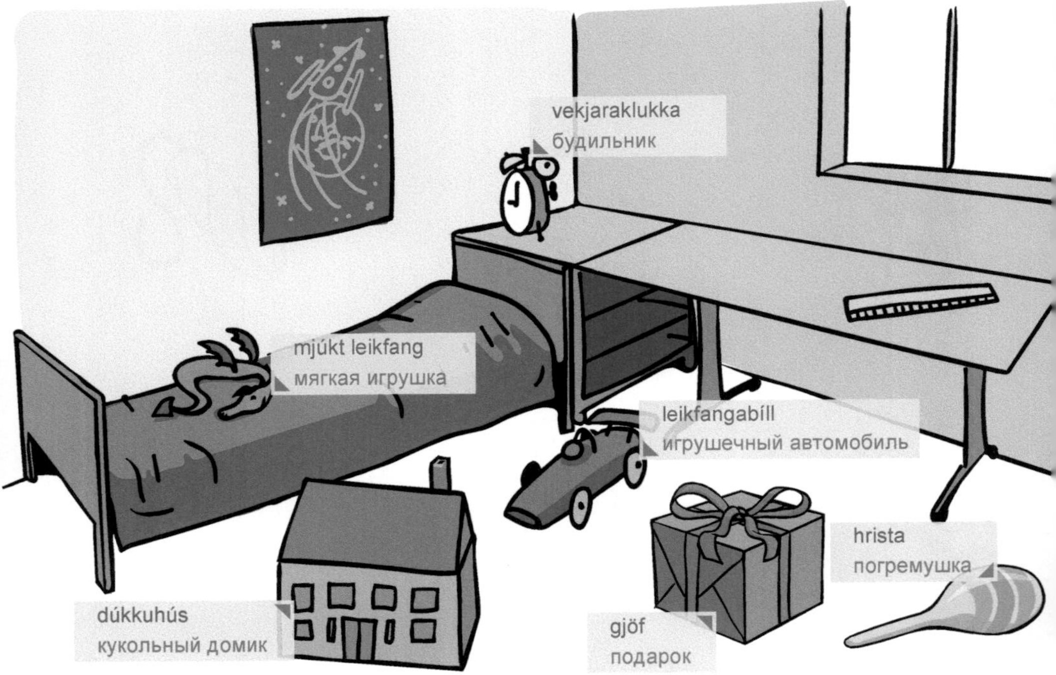

vekjaraklukka
будильник

mjúkt leikfang
мягкая игрушка

leikfangabíll
игрушечный автомобиль

hrista
погремушка

dúkkuhús
кукольный домик

gjöf
подарок

blaðra

воздушный шар

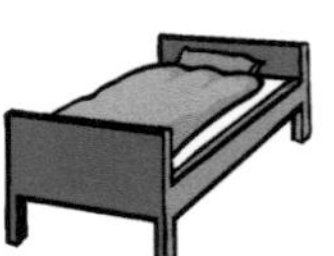

rúm

кровать

barnavagn

детская коляска

spilastokkur

карточная игра

púsluspil

пазл

myndasaga

комикс

legókubbar

кирпичики Лего

leikfangakubbar

кубики

leikfangakall

игрушечная фигурка

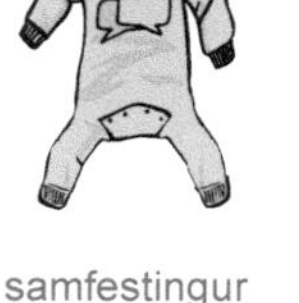

samfestingur

ползунки

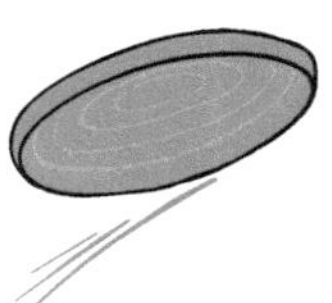

Frisbídiskur

фрисби

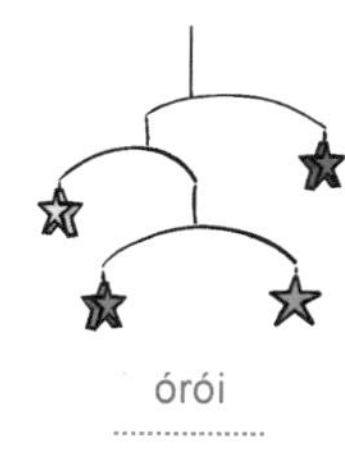

órói

мобиле

spilaborð

настольная игра

teningar

кубик

lestarlíkan

модель железной дороги

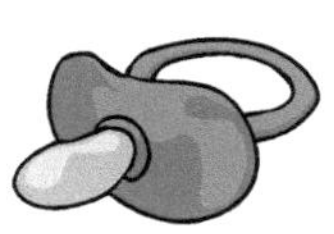

snuð

соска

veisla

вечеринка

myndabók

книга с картинками

bolti

мяч

brúða

кукла

spila

играть

sandkassi

песочница

sveifla

качели

leikföng

игрушка

leikjatölva

игровая приставка

þríhjól

трёхколесный велосипед

bangsi

плюшевый медвежонок

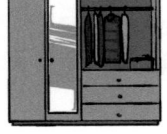

fataskápur

шкаф для одежды

föt

одежда

sokkar

носки

kvensokkabuxur

чулки

sokkabuxur

колготки

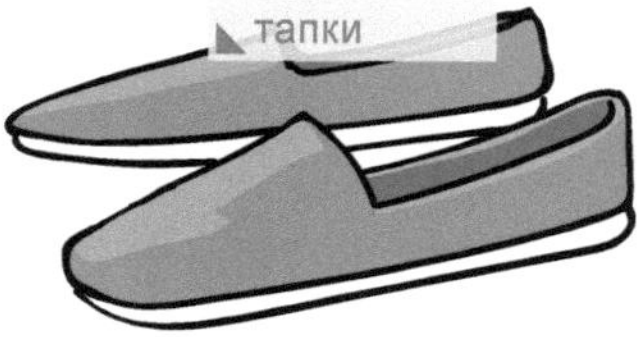

trefill
шарф

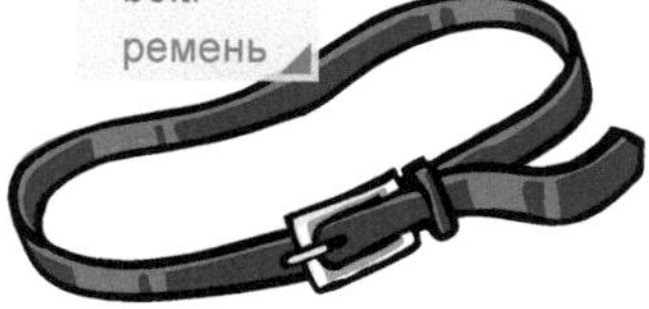

regnhlíf
зонтик

stuttermabolur
футболка

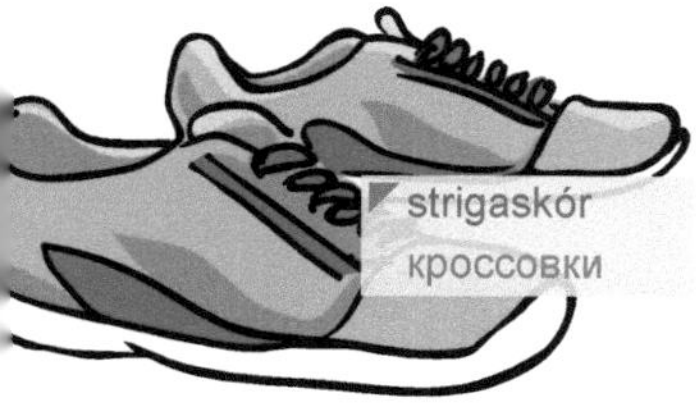

belti
ремень

skór
сапоги

strigaskór
кроссовки

inniskór
тапки

sandalar
сандалии

skór
ботинки

gúmmístígvél
резиновые сапоги

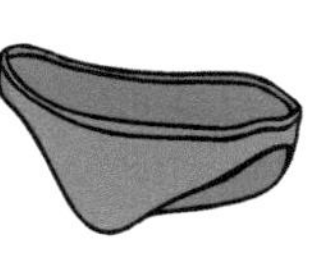

nærbuxur
трусы

brjóstahaldari
бюстгальтер

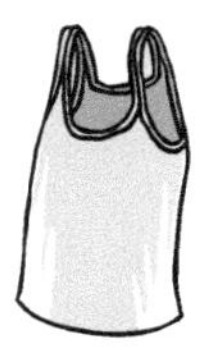

vesti
майка

samfella

боди

buxur

брюки

gallabuxur

джинсы

pils

юбка

blússa

блузка

skyrta

рубашка

peysa

свитер

hettupeysa

свитер

jakki

спортивная куртка

jakki

жакет

frakki

пальто

regnfrakki

плащ

dragt

костюм

kjóll

платье

brúðarkjóll

свадебное платье

jakkaföt

мужской костюм

náttkjóll

ночная сорочка

náttföt

пижама

Sari

сари

höfuðslæða

платок

túrban

тюрбан

búrka

паранджа

kaftan

кафтан

abaya

абайя

sundföt

купальник

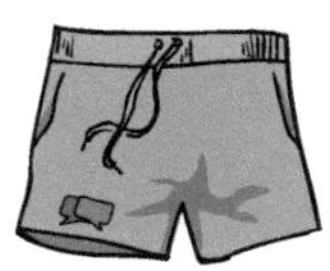

sundbuxur

плавки

stuttbuxur

шорты

íþróttagalli

спортивный костюм

svunta

фартук

hanskar

перчатки

hnappur

пуговица

gleraugu

очки

armband

браслет

hálsmen

цепочка

hringur

кольцо

eyrnalokkur

серьга

húfa

шапка

herðatré

вешалка

hattur

шляпа

bindi

галстук

rennilás

застежка молния

hjálmur

шлем

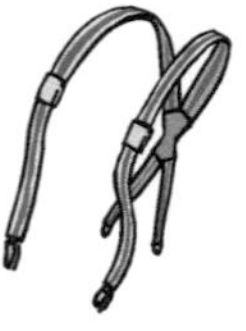

axlabönd

подтяжки

skólabúningur

школьная форма

einkennisbúningur

форма

smekkur

детский нагрудник

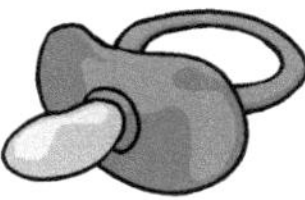

snuð

соска

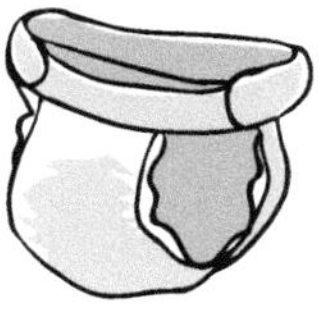

bleyja

подгузник

skrifstofa

офис

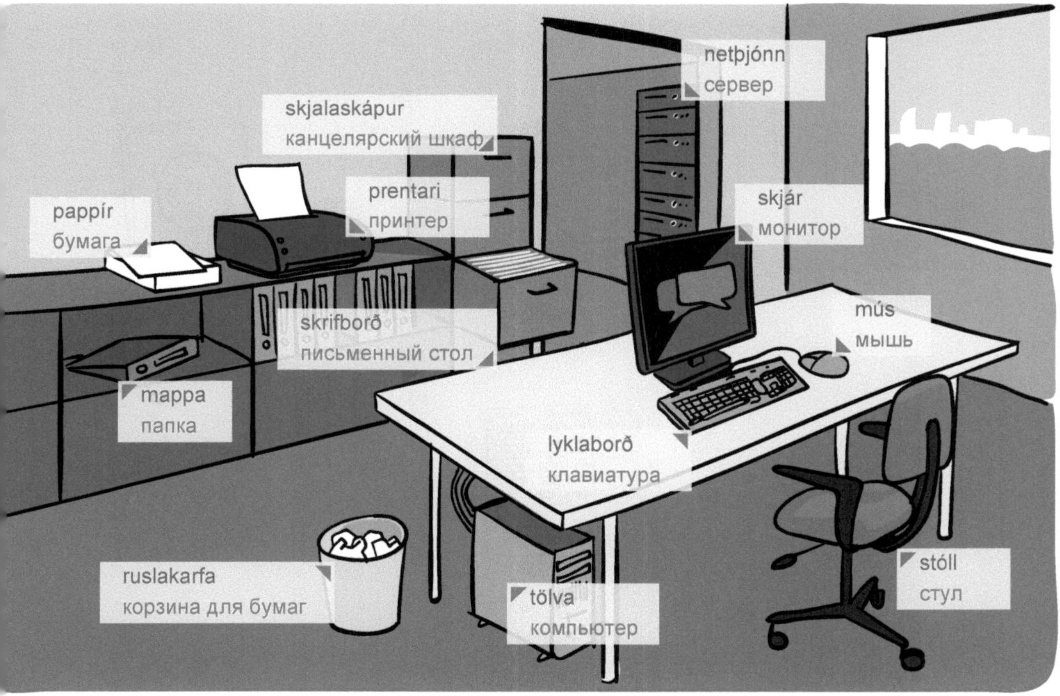

netþjónn
сервер

skjalaskápur
канцелярский шкаф

prentari
принтер

pappír
бумага

skjár
монитор

skrifborð
письменный стол

mús
мышь

mappa
папка

lyklaborð
клавиатура

ruslakarfa
корзина для бумаг

tölva
компьютер

stóll
стул

kaffibolli

кофейная кружка

reiknivél

калькулятор

internet

интернет

fartölva

ноутбук

bréf

письмо

skilaboð

сообщение

farsími

мобильный телефон

net

сеть

ljósritunarvél

ксерокс

hugbúnaður

программа

sími

телефон

innstunga

розетка

faxtæki

факс

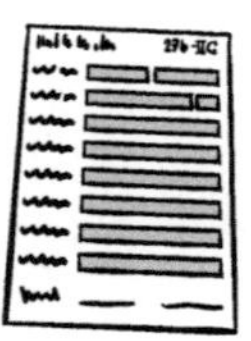

eyðublað

формуляр

skjal

документ

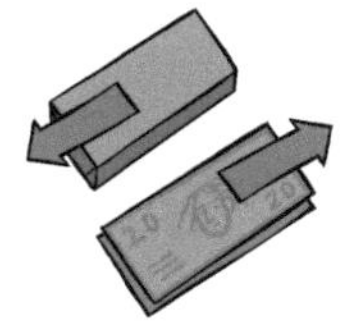

kaupa

покупать

borga

платить

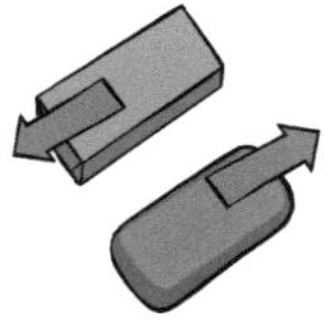

versla

торговать

peningar

деньги

dollari

доллар

evra

евро

jen

иена

rúbla

рубль

svissneskur franki

франк

renminbi yuan

жэньминьби юань

rúpíur

рупия

hraðbanki

банкомат

gjaldeyrisskipti

пункт обмена валюты

gull

золото

silfur

серебро

olía

нефть

orka

энергия

verð

цена

samningur

договор

skattur

налог

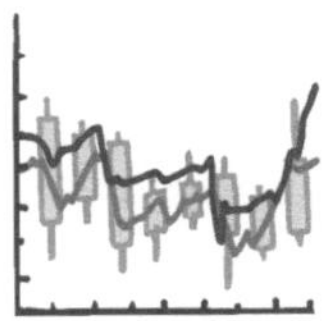

hlutabréf

акция

vinna

работать

starfsmaður

служащий

vinnuveitandi

работодатель

verksmiðja

фабрика

búð

магазин

starfsgreinar
профессии

lögreglumaður
милиционер

slökkviliðsmaður
пожарный

kokkur
повар

læknir
врач

flugmaður
пилот

garðyrkjumaður

садовник

smiður

столяр

saumakona

швея

dómari

судья

lyfjafræðingur

химик

leikari

актёр

strætóbílstjóri

водитель автобуса

leigubílstjóri

таксист

sjómaður

рыбак

ræstitæknir

уборщица

þaksmiður

кровельщик

þjónn

официант

veiðimaður

охотник

málari

художник

bakari

пекарь

rafvirki

электрик

byggingaverkamaður

строитель

verkfræðingur

инженер

slátrari

мясник

pípari

сантехник

póstmaður

почтальон

hermaður

солдат

arkitekt

архитектор

gjaldkeri

кассир

blómasali

флорист

hárgreiðslumaður

парикмахер

lestarstjóri

кондуктор

vélvirki

механик

skipstjóri

капитан

tannlæknir

зубной врач

vísindamaður

ученый

rabbíi

раввин

Imam

имам

munkur

монах

prestur

священник

verkfæri

инструменты

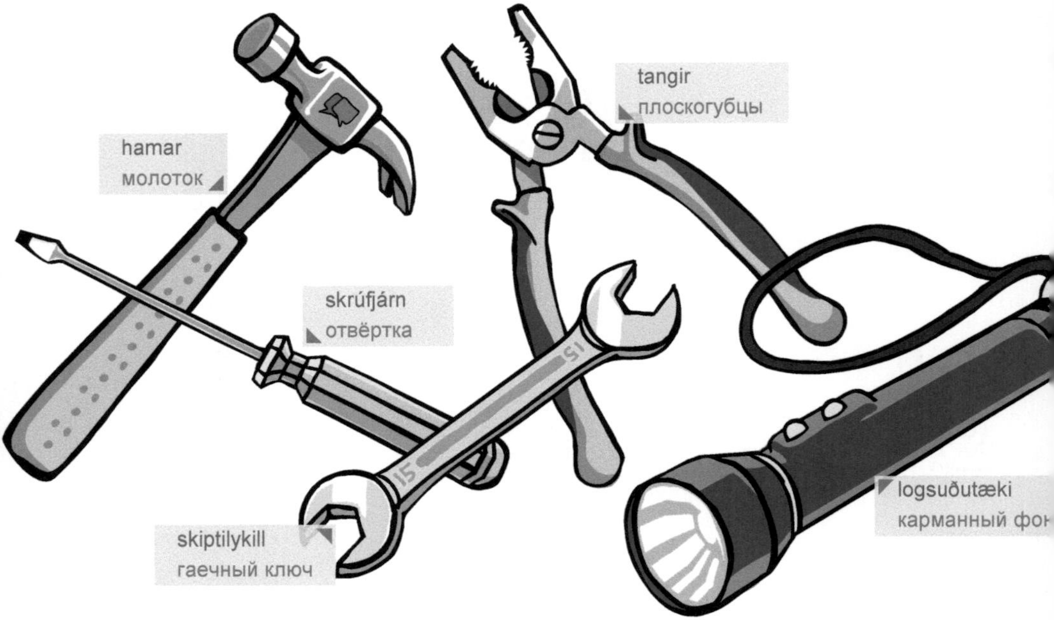

hamar
молоток

tangir
плоскогубцы

skrúfjárn
отвёртка

skiptilykill
гаечный ключ

logsuðutæki
карманный фо

grafa

экскаватор

verkfærataska

ящик для инструментов

stigi

стремянка

sög

пила

naglar

гвозди

bor

дрель

gera við

ремонтировать

skófla

лопата

Fjandinn!

Блин!

fægiskófla

совок

málningarfata

ведро с краской

skrúfur

винты

hljóðfæri

музыкальные инструменты

hátalari
громкоговоритель

trommusett
ударный инструмент

gítar
гитара

kontrabassi
контрабас

trompet
труба

píanó

пианино

fiðla

скрипка

bassi

бас-гитара

pákur

литавры

trommur

барабан

hljómborð

синтезатор

saxófónn

саксофон

flauta

флейта

hljóðnemi

микрофон

dýragarður

зоопарк

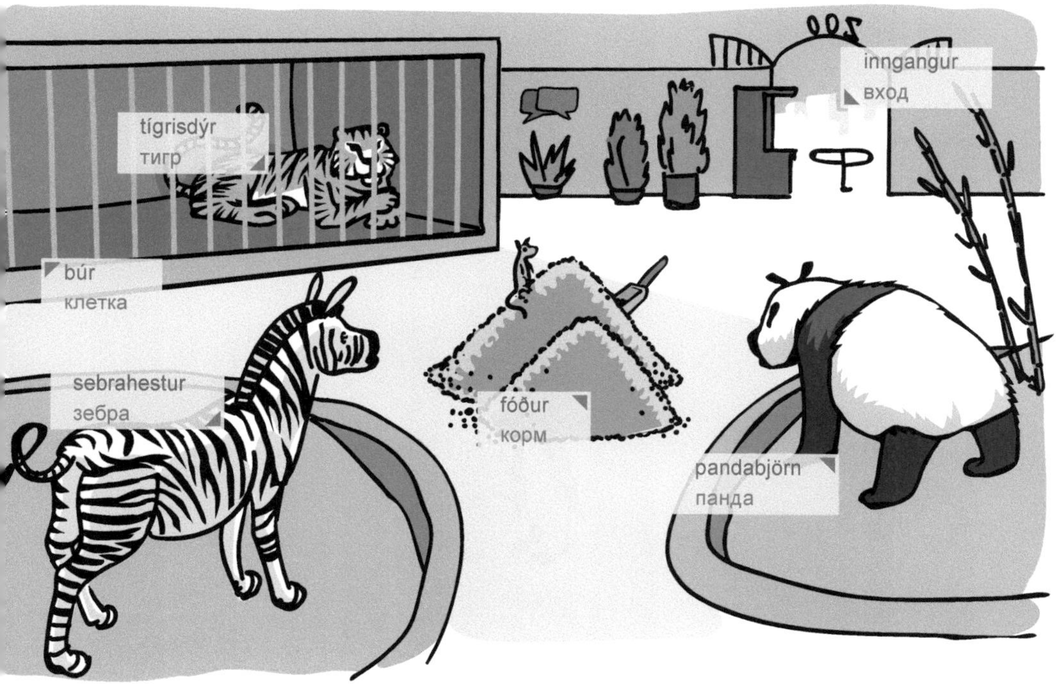

inngangur
вход

tígrisdýr
тигр

búr
клетка

sebrahestur
зебра

fóður
корм

pandabjörn
панда

dýr

животные

fíll

слон

kengúra

кенгуру

nashyrningur

носорог

górilla

горилла

skógarbjörn

медведь

úlfaldi

верблюд

strútur

страус

ljón

лев

api

обезьяна

flamingó

фламинго

páfagaukur

попугай

ísbjörn

белый медведь

mörgæs

пингвин

hákarl

акула

páfugl

павлин

snákur

змея

krókódíll

крокодил

dýragarðsvörður

служитель зоопарка

selur

тюлень

jagúar

ягуар

hestur

пони

hlébarði

леопард

flóðhestur

бегемот

gíraffi

жираф

örn

орёл

villisvín

кабан

fiskur

рыба

skjaldbaka

черепаха

rostungur

морж

refur

лиса

gasella

газель

íþróttir

спорт

Amerískur fótbolti
американский футбол
hjólreiðar
езда на велосипеде
tennis
теннис
körfubolti
баскетбол
sund
плавание
hnefaleikar
бокс
íshokkí
хоккей
fótbolti
футбол
hnit
бадминтон
frjálsar íþróttir
лёгкая атлетика
handbolti
гандбол
skíði
лыжный спорт
póló
поло

athafnir

действия

hoppa
прыгать

hlæja
смеяться

faðma
обнимать

ganga
идти

syngja
петь

dreyma
мечтать

biðja
молиться

kyssa
целовать

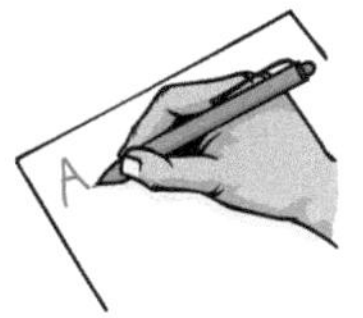

skrifa

писать

teikna

рисовать

sýna

показывать

ýta

нажимать

gefa

давать

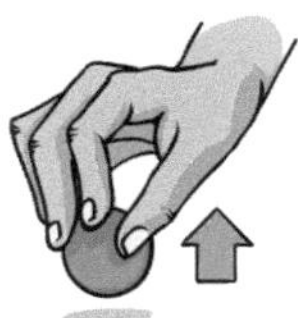

taka

брать

hafa

иметь

gera

делать

vera

быть

standa

стоять

hlaupa

бежать

draga

тянуть

kasta

бросать

detta

падать

ljúga

лежать

bíða

ждать

bera

носить

sitja

сидеть

klæða sig

надевать

sofa

спать

vakna

просыпаться

líta á

рассматривать

gráta

плакать

strjúka

гладить

greiða

причесывать

tala

говорить

skilja

понимать

spyrja

спрашивать

hlusta

слушать

drekka

пить

borða

кушать

taka til

наводить порядок

elska

любить

elda

готовить

keyra

ехать

fljúga

летать

sigla

ходить под парусом

reikna

считать

lesa

читать

læra

учиться

vinna

работать

giftast

вступать в брак

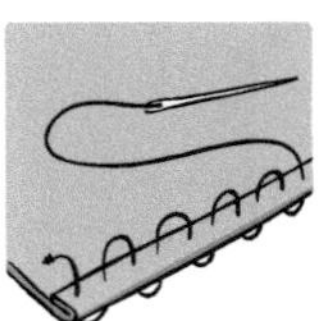

sauma

шить

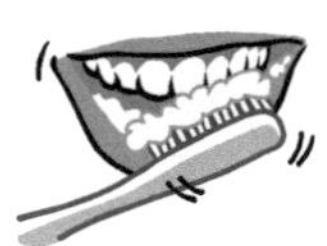

bursta tennur

чистить зубы

drepa

убивать

reykja

курить

senda

отправлять

fjölskylda
семья

amma
бабушка

afi
дедушка

faðir
папа

móðir
мама

barn
младенец

dóttir
дочь

sonur
сын

gestur

гость

frænka

тетя

frændi

дядя

bróðir

брат

systir

сестра

líkami

тело

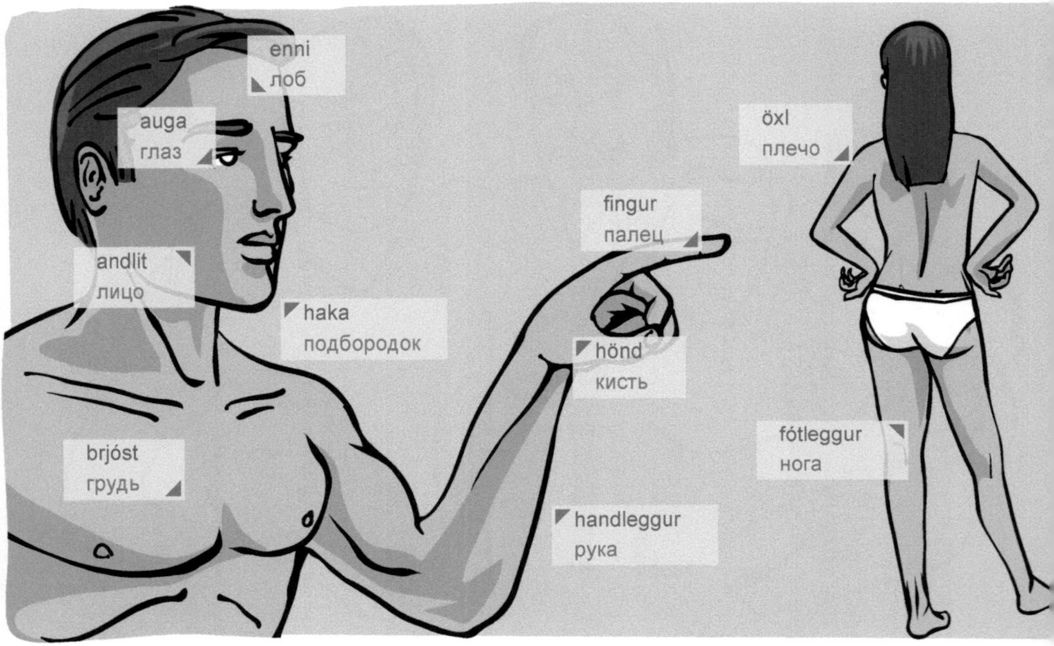

enni
лоб

auga
глаз

öxl
плечо

fingur
палец

andlit
лицо

haka
подбородок

hönd
кисть

fótleggur
нога

brjóst
грудь

handleggur
рука

barn

младенец

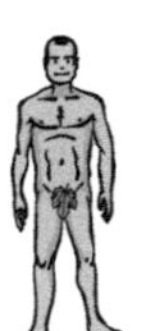

maður

мужчина

kona

женщина

stúlka

девочка

drengur

мальчик

höfuð

голова

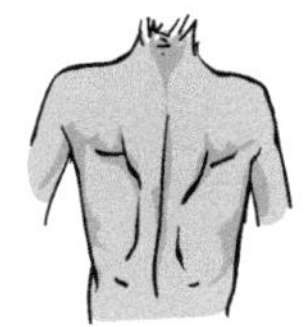

bak

спина

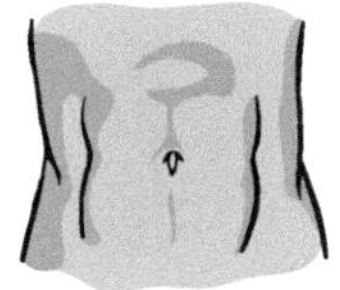

kviður

живот

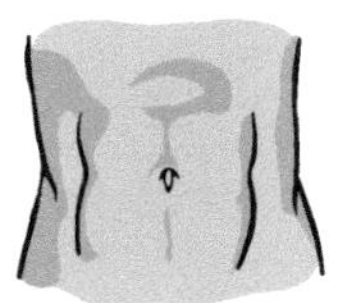

nafli

пупок

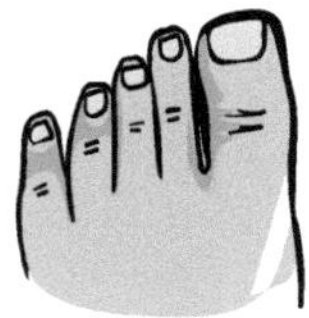

tá

палец ноги

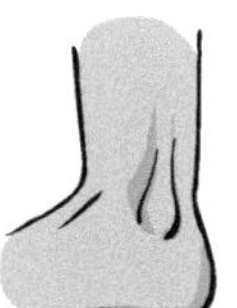

hæll

пятка

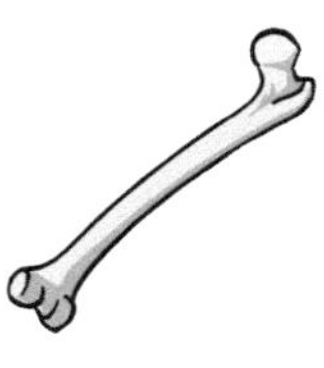

bein

кость

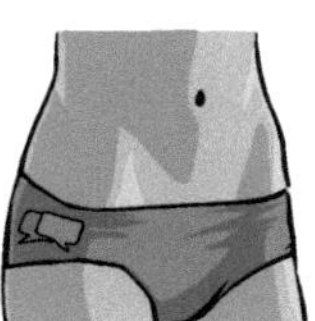

mjöðm

бедро

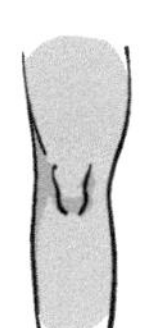

hné

колено

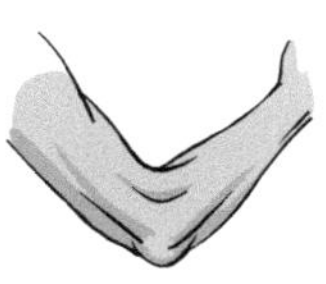

olnbogi

локоть

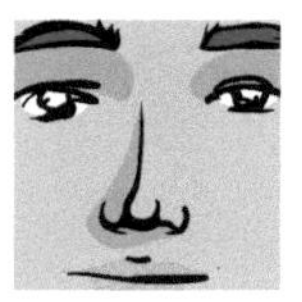

nef

нос

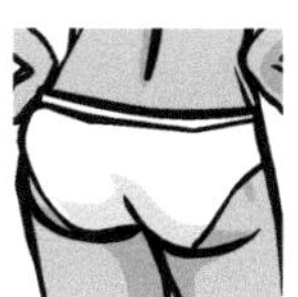

rass

ягодицы

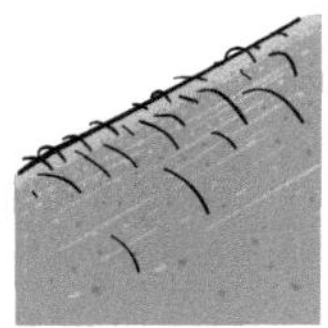

húð

кожа

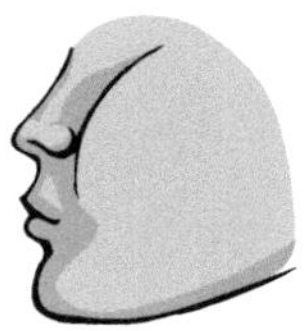

kinn

щека

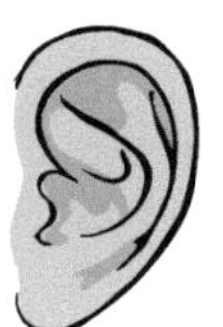

eyra

ухо

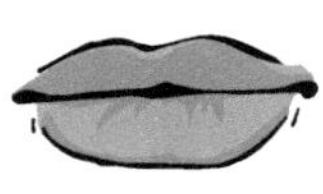

vör

губа

munnur

рот

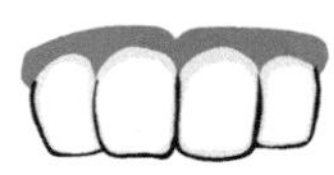

tönn

зуб

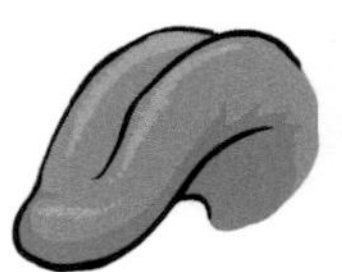

tunga

язык

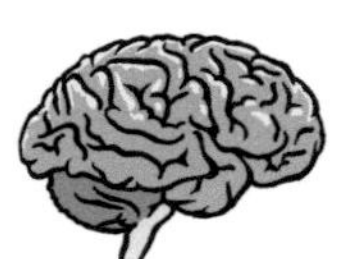

heili

мозг

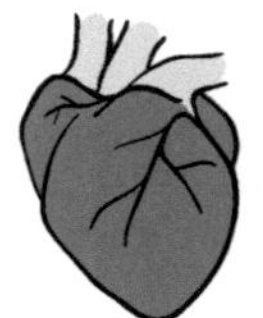

hjarta

сердце

vöðvi

мышца

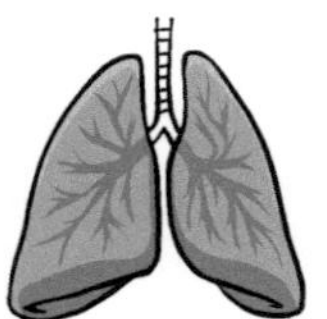

lunga

лёгкое

lifur

печень

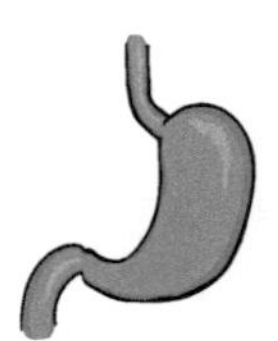

magi

желудок

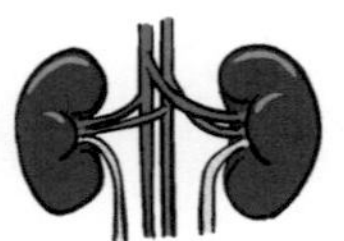

nýru

почки

kynmök

половой акт

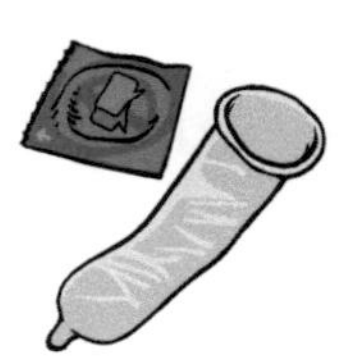

smokkur

презерватив

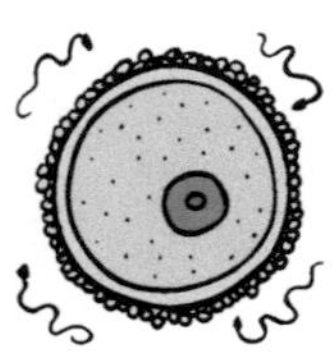

eggfruma

яйцеклетка

sæði

сперма

ólétta

беременность

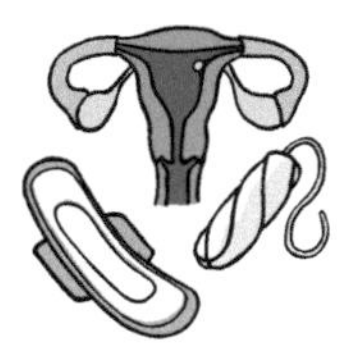

tíðir

менструация

leggöng

вагина

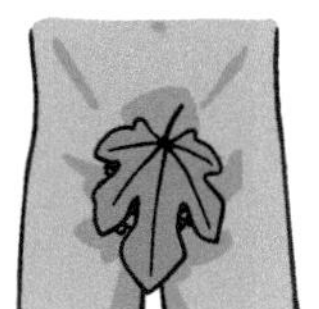

typpi

пенис

augabrún

бровь

hár

волосы

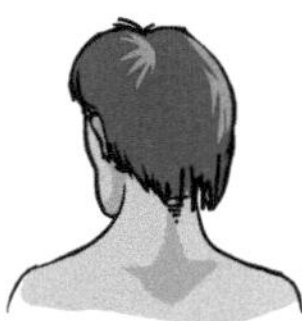

háls

шея

sjúkrahús

больница

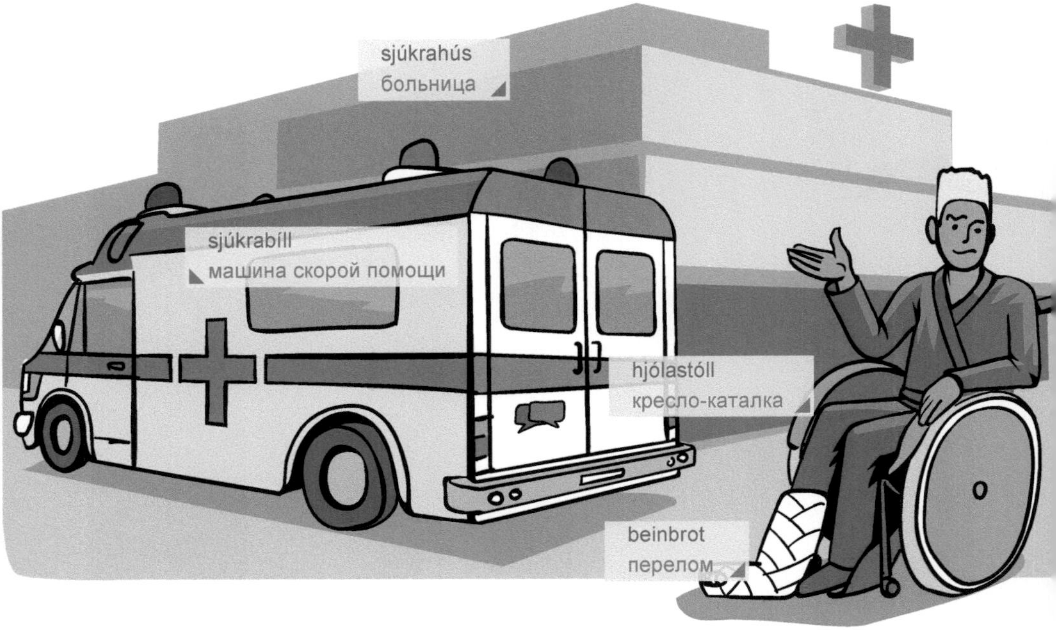

sjúkrahús
больница

sjúkrabíll
машина скорой помощи

hjólastóll
кресло-каталка

beinbrot
перелом

læknir

врач

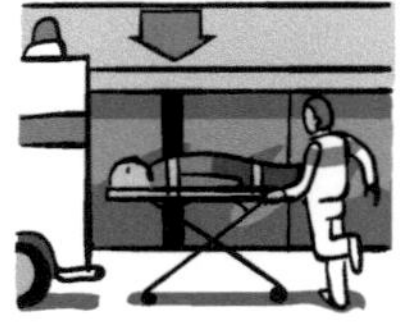

bráðamóttaka

пункт первой помощи

hjúkrunarfræðingur

медсестра

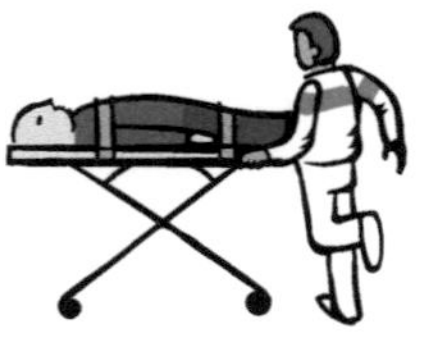

neyðartilvik

неотложный случай

meðvitundarlaus

без сознания

verkir

боль

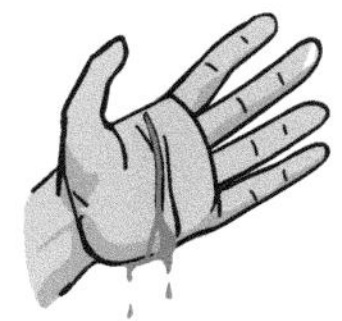

meiðsli

повреждение

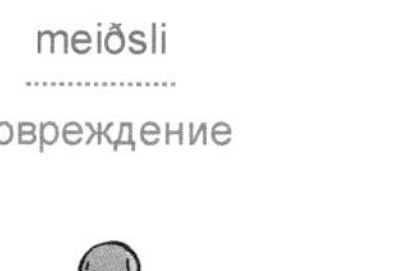

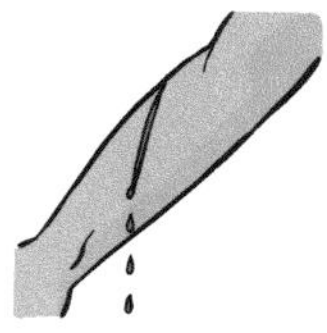

blæðing

кровотечение

hjartaáfall

инфаркт

heilablóðfall

инсульт

ofnæmi

аллергия

hósti

кашель

hiti

повышенная температура

flensa

грипп

niðurgangur

понос

höfuðverkur

головная боль

krabbamein

рак

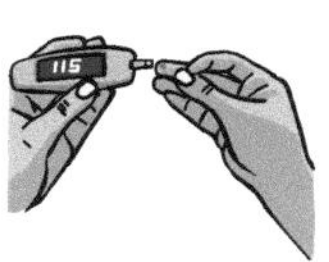

sykursýki

диабет

skurðlæknir

хирург

skurðhnífur

скальпель

aðgerð

операция

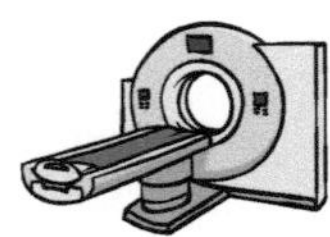

sneiðmyndataka

КТ

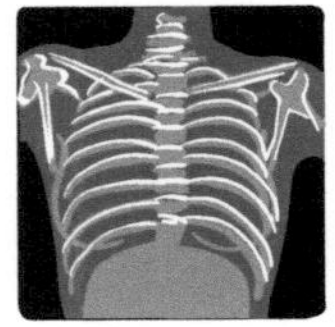

röntgengeisli

рентген

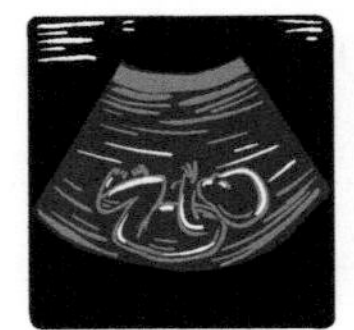

ómskoðun

ультразвук

andlitsgríma

маска

sjúkdómur

болезнь

biðstofa

приёмная

hækja

костыль

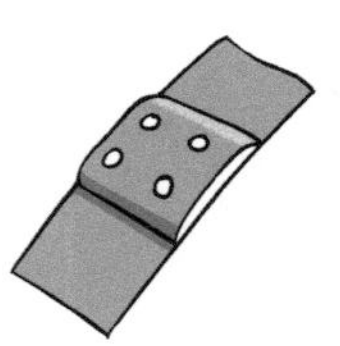

gifs

пластырь

sáraumbúðir

бинт

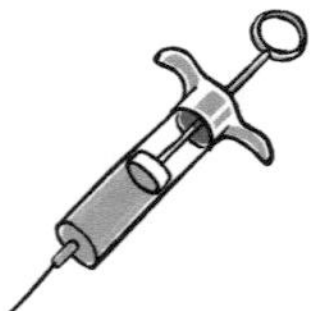

sprauta

укол

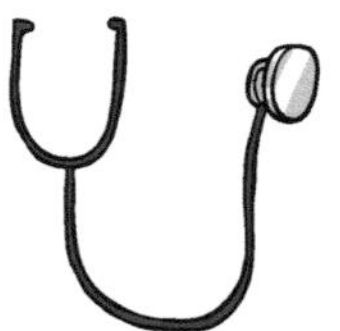

hlustunarpípa

стетоскоп

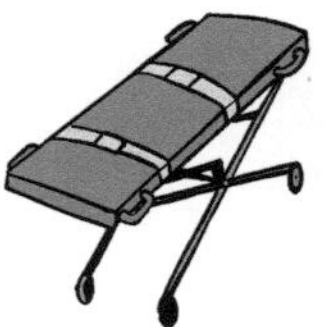

börur

носилки

líkamshitamælir

термометр

fæðing

рождение

yfirvigt

избыточный вес

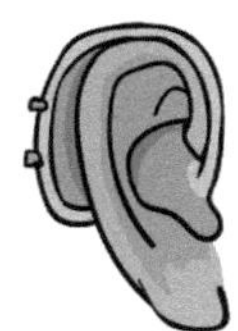

heyrnartæki

слуховой аппарат

sótthreinsiefni

дезинфекционное средство

sýking

инфекция

veira

вирус

HIV / AIDS

ВИЧ / СПИД

lyf

лекарство

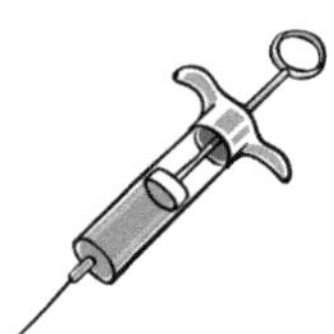

bólusetning

прививка

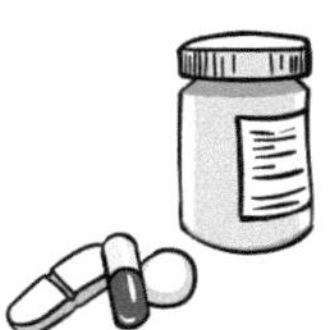

töflur

таблетки

pilla

противозачаточная таблетка

neyðarsímtal

экстренный вызов

blóðþrýstingsmælir

прибор для измерения кровяного давления

lasinn / heilbrigður

больной / здоровый

neyðartilvik

неотложный случай

Hjálp!

Помогите!

viðvörun

сигнал тревоги

líkamsárás

нападение

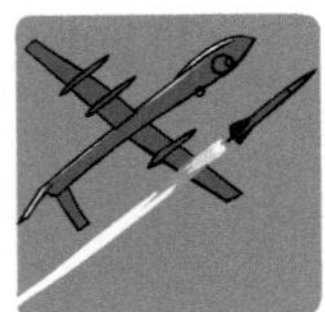

árás

атака

hætta

опасность

neyðarútgangur

запасной выход

Eldur!

Пожар!

slökkvitæki

огнетушитель

slys

несчастный случай

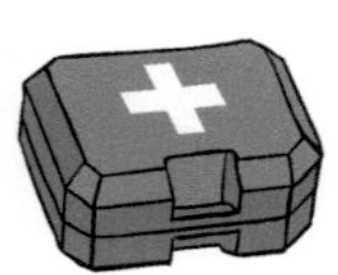

skyndihjálparbúnaður

аптечка

SOS

SOS

lögregla

милиция

Jörð

земля

Evrópa

Европа

Norður-Ameríka

Северная Америка

Suður-Ameríka

Южная Америка

Afríka

Африка

Asía

Азия

Ástralía

Австралия

Atlantshaf

Атлантический океан

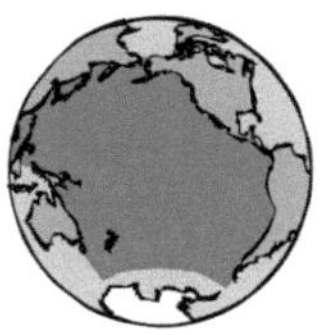

Kyrrahaf

Тихий океан

Indlandshaf

Индийский океан

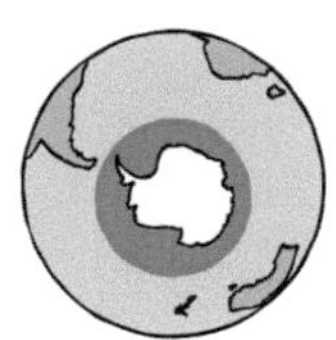

Suður-Íshaf

Антарктический океан

Norður-Íshaf

Северный Ледовитый океан

Norðurpóll

Северный полюс

Suðurpóll

Южный полюс

Suðurskautslandið

Антарктика

Jörð

земля

land

суша

sjór

море

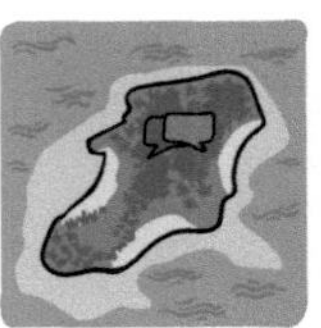

eyja

остров

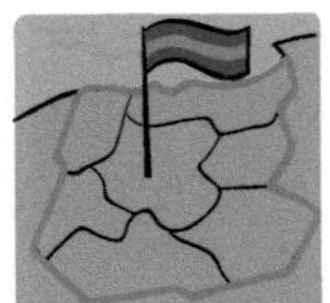

þjóð

нация

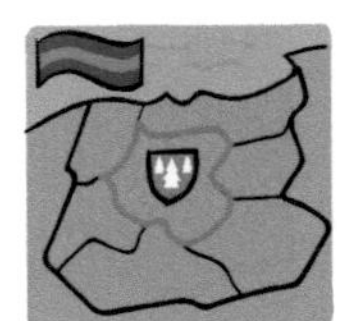

ríki

государство

klukka

часы

klukkuskífa

циферблат

litli vísir

часовая стрелка

stóri vísir

минутная стрелка

sekúnduvísir

секундная стрелка

Hvað er klukkan?

Который час?

dagur

день

tími

время

nú

сейчас

tölvuúr

электронные часы

mínúta

минута

klukkustund

час

vika

неделя

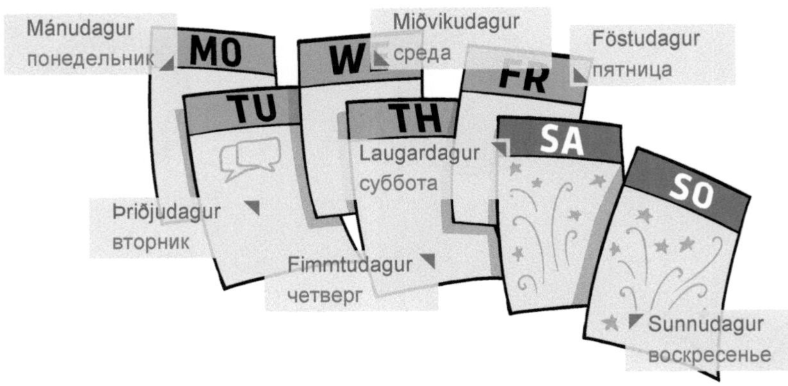

í gær

вчера

í dag

сегодня

á morgun

завтра

morgunn

утро

hádegi

полдень

kvöld

вечер

virkir dagar

рабочие дни

helgi

выходные

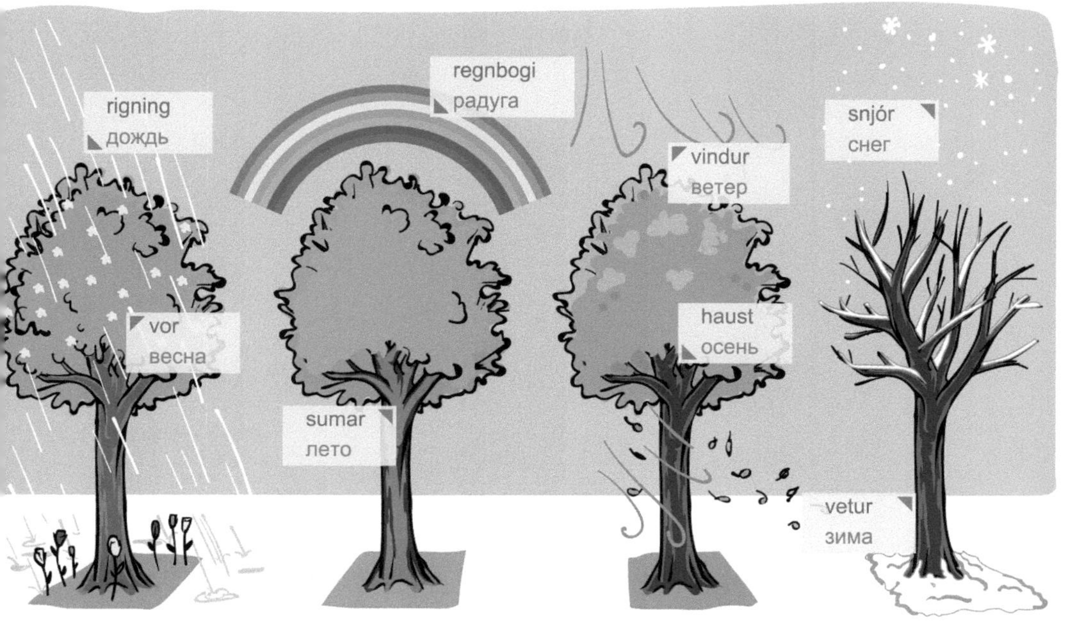

ár

год

rigning
дождь

regnbogi
радуга

vindur
ветер

snjór
снег

vor
весна

sumar
лето

haust
осень

vetur
зима

veðurspá

прогноз погоды

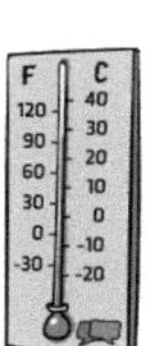

hitamælir

термометр

sólskin

солнечный свет

ský

туча

þoka

туман

raki

влажность воздуха

eldingar

молния

þrumuveður

гром

stormur

буря

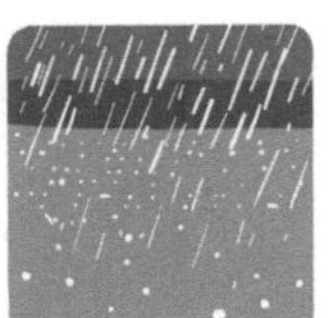

haglél

град

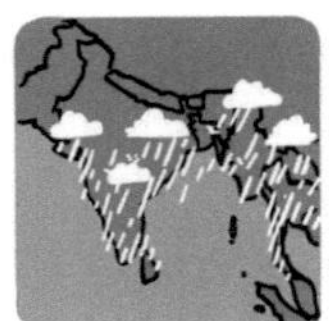

monsún

муссон

flóð

наводнение

ís

лёд

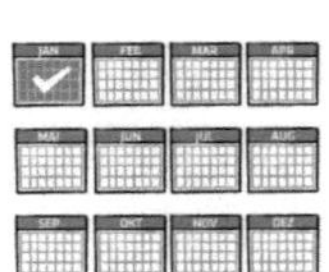

Janúar

январь

Febrúar

февраль

Mars

март

Apríl

апрель

Maí

май

Júní

июнь

Júlí

июль

Ágúst

август

September

сентябрь

Október

октябрь

Nóvember

ноябрь

Desember

декабрь

form

формы

hringur

круг

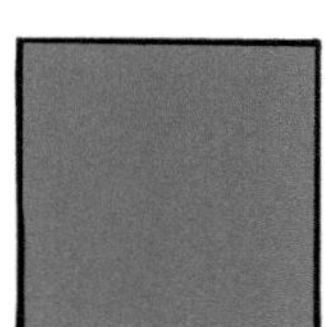

ferningur

квадрат

rétthyrningur

прямоугольник

þríhyrningur

треугольник

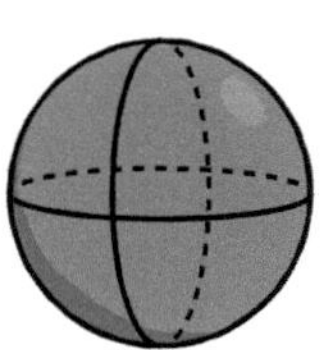

kúla

шар

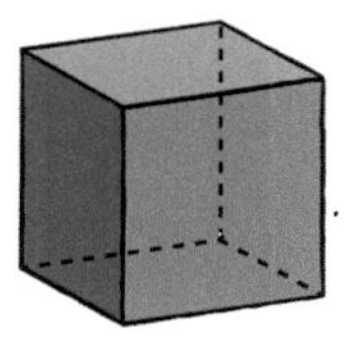

teningur

куб

litir

цвета

hvítur

белый

gulur

желтый

appelsínugulur

оранжевый

bleikur

розовый

rauður

красный

fjólublár

лиловый

blár

синий

grænn

зелёный

brúnn

коричневый

grár

серый

svartur

черный

andstæður

противоположности

mikið / lítið

много / мало

reiður / rólegur

яростный / мирный

fallegur / ljótur

красивый / уродливый

upphaf / endir

начало / конец

stór / lítill

большой / маленький

bjartur / dimmur

светлый / темный

bróðir / systir

брат / сестра

hreinn / óhreinn

чистый / грязный

heill / ófullnægjandi

полный / неполный

dagur / nótt

день / ночь

dauður / lifandi

мёртвый / живой

breiður / mjór

широкий / узкий

ætur / óætur

съедобный / несъедобный

vondur / góður

злой / дружелюбный

spenntur / leiður

взволнованный / скучающий

feitur / mjór

толстый / худой

fyrstur / síðastur

сначала / в конце

vinur / óvinur

друг / враг

fullur / tómur

полный / пустой

harður / mjúkur

твёрдый / мягкий

þungur / léttur

тяжёлый / легкий

svangur / þyrstur

голод / жажда

lasinn / heilbrigður

больной / здоровый

ólöglegur / löglegur

незаконный / законный

greindur / heimskur

умный / глупый

vinstri / hægri

слева / справа

nálægur / fjarlægur

близко / далеко

nýr / notaður

новый / подержанный

ekkert / eitthvað

ничто / нечто

gamall / ungur

старый / молодой

kveikt / slökkt

включено / выключено

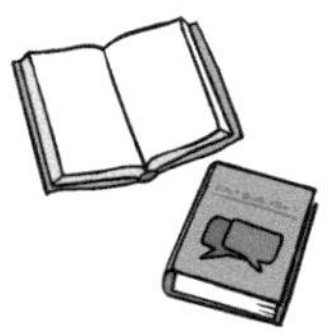

opna / loka

открыто / закрыто

Lágvær / hávær

тихо / громко

ríkur / fátækur

богатый / бедный

rétt / rangt

правильный / неправильный

grófur / sléttur

шероховатый / гладкий

sorgbitinn / hamingjusamur

печальный / счастливый

stutt / lengi

короткий / длинный

hægt / hratt

медленный / быстрый

blautur / þurr

мокрый / сухой

heitur / kaldur

тёплый / прохладный

stríð / friður

война / мир

tölur

цифры

0	1	2
núll ноль	einn один	tveir два
3	4	5
þrír три	fjórir четыре	fimm пять
6	7	8
sex шесть	sjö семь	átta восемь
9	10	11
níu девять	tíu десять	ellefu одиннадцать

12

tólf

двенадцать

13

þrettán

тринадцать

14

fjórtán

четырнадцать

15

fimmtán

пятнадцать

16

sextán

шестнадцать

17

sautján

семнадцать

18

átján

восемнадцать

19

nítján

девятнадцать

20

tuttugu

двадцать

100

hundrað

сто

1.000

þúsund

тысяча

1.000.000

milljón

миллион

tungumál

языки

Enska

английский

Amerísk enska

американский английский

Mandarin-kínverska

мандаринский китайский

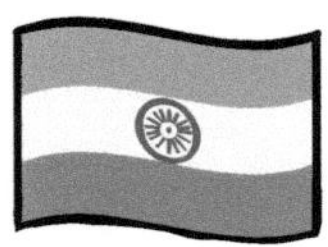

Hindí

хинди

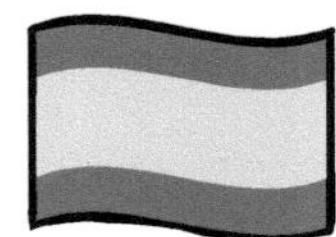

Spænska

испанский

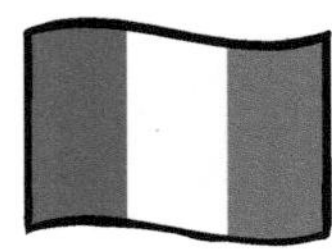

Franska

французский

Arabíska

арабский

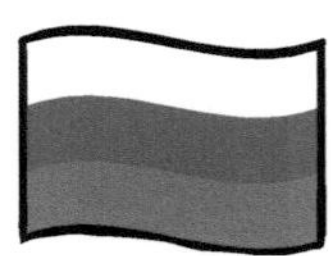

Rússneska

русский

Portúgalska

португальский

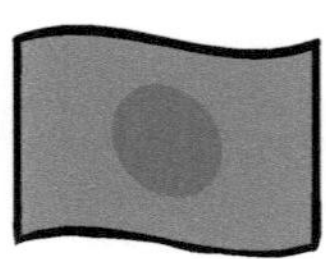

Bengali

бенгальский

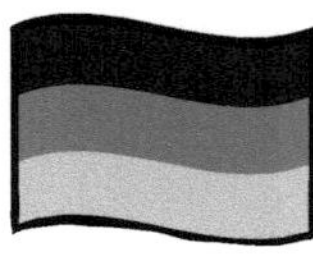

Þýska

немецкий

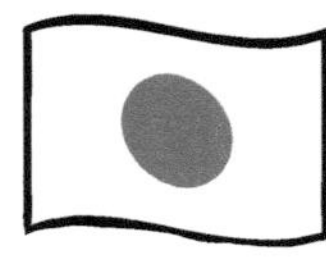

Japanska

японский

hver / hvað / hvernig

кто / что / как

ég

я

þú

ты

hann / hún / það

он / она / оно

við

мы

þú

вы

þeir

они

hver?

кто?

hvað?

что?

hvernig?

как?

hvar?

где?

hvenær?

когда?

nafn

имя

hvar

где

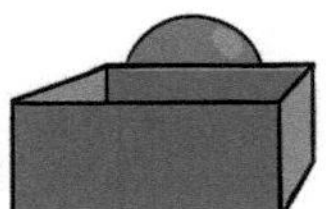

bakvið

за

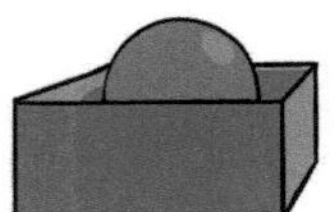

í

в

fyrir framan

перед

yfir

над

á

на

undir

под

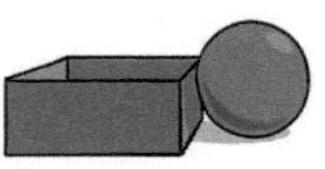

við hliðina

рядом

milli

между

sæti

место